幸せな虎、そらそうよ

岡田彰布 Akinobu Okada 著
阪神タイガース監督

ベースボール・マガジン社

38年ぶりの日本一を達成し、笑顔で宙に舞った

DAISO
au
損保ジャパン
SOMPO

2023年シーズンはベンチでも笑顔を見せることが増えた。その柔らかな表情がファンの心も幸せにした（写真は優勝を決めた9月14日、甲子園、対巨人の4回裏）

Tigers

2023年9月14日、18年ぶりのリーグ優勝。9月に入って負けなしの11連勝で決め、
甲子園は熱狂に包まれた

シーズンを通して四番の重責を担った大山。
優勝を決めると、涙が止まらなかった

Joshin
Joshin
Joshin
74

Joshin

攻守走でチームを引っ張った、一番・センター近本。2023年を振り返り、岡田監督は「打のMVPは近本と中野」とたたえた

Joshin
CHIKAMOTO
5

ショートのレギュラーをつかみ取ると「恐怖の八番」として存在感を示した木浪。CSファイナルステージ第2戦では二死満塁でサヨナラヒット。お立ち台では満塁での強さについて「そうですね、打てる気がします」と話し、甲子園を沸かせた

Tigers
65

2023年日本シリーズ第4戦。同点で迎えた8回二死一、三塁の場面で、岡田監督は「ピッチャー湯浅」を選択。地鳴りのような歓声の中、約4カ月半ぶりに一軍マウンドに立った湯浅は1球でピンチを切り抜けた

2023年11月5日、38年ぶりの日本一を
達成。最後のバッターをレフトフライに
打ち取ると、岩崎と坂本は歓喜の抱擁

IWAZAKI

27歳のときに選手として、そして65歳の2023年、監督として日本一に輝いた

幸せな虎、そらそうよ

はじめに

2023年11月5日、ついに38年という長い空白を埋めることができた。日本シリーズの第7戦。決着をつける最後の戦いに勝つことができたのだ。これで日本一に。38年前、オレはタイガースの選手で27歳、そしていま監督として65歳になっていた。長い、長い、長過ぎた冬の時代はようやく終わりを迎えた。

ずっと応援し続けてくれたファンの思いを胸に、「勝つ」ことだけに意識を集中した1年。ファンのために、そしてタイガースの先輩の、これまでの無念を晴らすことを使命とした。先人が築いてくれた阪神の重みを、いま、若い選手とともに感じている。

選手たちに、オレが思う勝ち方を伝えてきた1年でもあった。勝負事は勝たないかん。ただ「頑張った」は、いらん。そうオレは思うわけ。それで、勝つためには、とにかく1点を取りにいくこと。まずは守備を固めて攻撃につなげる。打順を固定して役割を明確にする。ブルペンを中心にした投手力を整備する。出塁への意識として、打者なら四球を選ぶ、投手なら四球を出さない。そんなことを徹底してきた。

2022年の秋のキャンプから、若い選手たちにオレの考えを伝えた。それを十分に選手たちは吸収し、実践してくれたと思う。ホンマ、すごい伸びしろよ。

ベンチにいるとき、オレは先の先を考えて采配している。常に次をどうしようか頭を働かせているわけ。そら、表情が険しくなることもあるよ。ただ、２０２３年は、自然と笑顔になることも少なくなかった。周りからは「笑っている監督を見ると、幸せな気持ちになる」と言われたこともある。

なんやろな、勝つことだけに意識を集中してきたと書いたけど、勝たないといけないというプレッシャーはなかった。初めて監督になった２００４年のときは前年に優勝したチームで、ベテランが多く完成されたメンバーよ。そろそろ若手に切り替えていこうかというチームだった。それに比べて今回は全然違って、若手の多いチーム編成。それを守備のポジションから組み替えて、一から新しくチームをつくり直した感じだった。

孫ほど年の離れた選手もいるけど、オレの話によく耳を傾けて、やるべきことを理解してくれた。春、夏、秋と、戦えば戦うほど強くなった。オレの思っている以上の力やったからね。あれ、こいつら、こんな力あるんやと、何度驚かされたことか。ベンチで笑顔になるのは、そんな気持ちの表れよ。期待感のほうが大きかった。そらそうよ。どれくらい公式戦で力を出すんやろと思ってた。

この本では、そんな若い選手たちにオレが1年を通して伝えてきたことを書いている。かれこれ10年以上にわたり、『週刊ベースボール』でコラム「そらそうよ」を連載してきた。いまも続くコラムだが、その内容を自分の中で振り返りながら、今回、改めてオレの考えを書き下ろした。日本シリーズの戦いについても記している。選手時代からお世話になっているライターの内匠宏幸氏に構成を担当いただいた。この場を借りてお礼申し上げる。

さあ、日本一になった。これを黄金期の入り口として、まずは皆さん、喜び合ってください！

岡田彰布

2023年11月

目次

第二章　そら観察よ

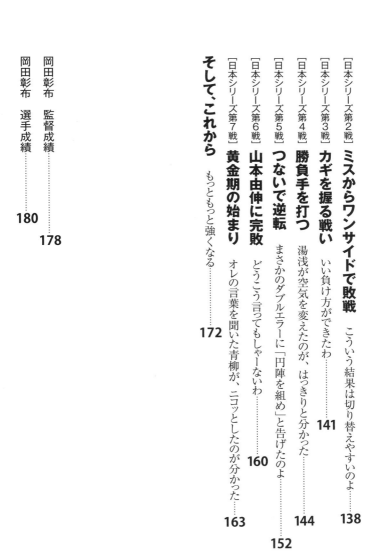

協力　阪神タイガース、日本野球機構
デザイン　神田昇和
写真　ベースボール・マガジン社
構成　内匠宏幸
校閲　稲富浩子、
プロランド・山竹杏子

第一章　オレは決めたんよ

「アレ」に届いた夜

オレはホンマ、誇らしく思った

２０２３年9月14日。

甲子園の一塁側ベンチ。そこに座って、最後の瞬間を見届けた……。

ふと遠い昔のことが頭に浮かんだ。「あのときもこんな感じやったかな」。それは18年も前のこと。２００５年の優勝のことやった。９月29日、相手は巨人。すべてが同じシチュエーションやった。マウンドには久保田智之（現一軍投手コーチ）。打席には阿部慎之助（現巨人監督）。スタンドからの声援はホンマ、すごかった。阿部の打球はレフトへのライナー。これを金本知憲が捕った。

あれから18年も過ぎた。空白が長かった。いや長過ぎた。あのとき、オレは47歳。それが65歳になっている。「ホンマ、長かったよな」。横を見ると、ヘッドコーチの平田勝男が同じような思いの顔をしていた。

まさか、こんなに早く「アレ」に届くとは。これが正直な気持ちやった。オレはペナントレースを戦ううえで、常に勝負は9月、そして10月と考えてきた。それがどうよ。勝負の9月。負けないのだ。どこまで勝つの……というくらい、強いチームになっていく。連勝が始まり、どこかで止まって「アレ」は9月の終わりか、と考えていたら、ホンマに勝ち過ぎよ。気がつけば9月負けなしの10連勝。マジックはドンドン減って「1」になっていた。

ここまで強く、たくましくなっていたとは。これはすべて、選手が自分の置かれた立場、自分の役割を理解していたから。それに尽きる。それはレギュラーも控えも同じ。代打、代走、守備要員、セットアッパー。投打それぞれで、自分の役割を深く理解し、ゲームに臨んだからやった。

打線を見てよ。3割バッターがいないのだ。これだけでも極めて珍しい現象やと思うけど、それでも得点数はリーグNO・1よ。その要因は「つながり」やと考える。とにかく塁に出る。どんな形であっても出塁数を増やす。オレはこれを選手に求めた。それには四球が重要と説いた。それまでネット裏から見ていた阪神のバッターはホンマ、早打ちが多かった。それを積極性とはき違えているのではとさえ感じていた。打席でドンと構えろ。ボール球を見極めろ。それを伝えたら、みんなが面白いように四球を取るようになった。

野球界には定説がある。攻める側からすれば四球から得点につながるケースが極端に多いこと。これをこれまでの阪神は軽視していたきらいがあった。安打を打つこと。これが大事だと思っているのだろうけど、バッターの打率はよくて3割3分3厘。3打席で1本打てば好打者。これは難しいことだけに、その中に四球を挟めば、ヒットと同様の出塁になる。そういう考えをオレは植えつけたかった。得た四球の数がリーグNO・1。これは誇れるものと、みんなに伝えたわ。

投手はその逆よ。いかに無駄な四球を与えないか。時には必要な四球もある。でも四球を与えたところから失点に、というケースを避けることを投手陣に理解させた。

オレは野手出身の監督だけに、投手のことも勉強してきたつもりよ。投手にしか分からぬデリケートな部分も、気づくように経験を積んだ。投手にとって何が重要か。①スピード②コントロール③投球術。いい投手の条件は断然②、そう、コントロールで8割を占めると思っている。いくらスピードがあっても、プロなら対応してくる。でもコントロールによっては、いいバッターでも対処できない。それを実践したのが村上頌樹、大竹耕太郎、伊藤将司やった。

彼らの素晴らしいところは、無駄な四球を与えないこと。スピードは平均でも、これだけバッターを抑え込める。コントロールの重要性を改めて認識させたわけよ。それがチーム全体の与四球の少なさ（リーグ最少）につながった。オレはホンマ、誇らしく思ったよね。

9月14日、岩崎優が最後、セカンドフライに打ち取った。中野拓夢が捕球する。相手ベンチを見た。そこに巨人の選手と、監督の原辰徳がいた。最高の舞台設定やった。そして、あくまで個人的な感慨なのだが、15年前の雪辱を果たせたという思いが湧いていたのも事実やった。

２００８年。独走状態から、巨人の逆襲に遭い、差をドンドン詰められた。13ゲームという大差はアッという間に縮まり、オレの中に恐怖心が広がった。「これはアカンかも……」とホンマ、弱気になった。オレが経験する初めての感覚で、それが現実になった。まさか、まさかのV逸。これにより監督を退くことになったけど、今回はまったく気持ちが違った。

夏場に、首位を明け渡しても、オレは気にしてなかった。周囲やマスコミは「首位陥落」と騒いでいたけど、なんでやねん、と無関心やった。そこには選手の成長という根拠があったからよ。今シーズン、大型の連敗はしなかった。負け出しても、すぐに歯止めが利いた。大型連勝があり、大型連敗はしない。これこそが精神力を含め、チームの成長の証し。それを目の当たりにして、オレはホンマ、頼もしく思えたし、まだまだ伸びしろがある、と実感した。

Tigers
TO-LUCKY
1985
5

強くたくましく成長を続けた選手たちと、2023年9月14日、
超満員の甲子園でリーグ優勝を決めた

阪神愛

世界一の阪神ファンでいる

2008年、監督を退いたとき、当時のトラ番から、こう聞かれた。
「これから阪神に対する思いは変わる？」。オレはこう答えている。「世界一の阪神ファンでいることに変わりない」と。

そら、阪神命で生まれ育ったわけやからね。1957年11月25日、オレは生まれた。父勇郎、母サカヨ。親父はもう亡くなっているが、ホンマ、タイガースがいつも身のまわりにあった。親父は紙工業を営んでいた。根っからの阪神ファンで、アンチ巨人の典型的な人間やった。それほど裕福ではなかったけど、とにかく阪神の選手を可愛がっていた。いわゆるタニマチというのかな。特に若い選手の面倒をみていたわ。

オレが小学校に通うようになって、実家の屋上に打撃ケージを設置し、ホンマ、オレを野球選手、阪神の選手にしたかったんやろなと思う。

学校を終えて、家に戻ると村山実さんや藤本勝巳さんがいたり、三宅秀史さんとキャッチボールしたり……。それが当たり前のような時間を過ごしていた。あるとき、三宅さんに言われた。「お前は指が短いし、投手より野手のほうがいい」。こんなアドバイスを受け、そこからバッターとして練習したことを思い出す。

親父は物おじしない人間に育てたかったんだろう。オレのために草野球チームをつくり、大人の中に小学生のオレを入れて、そのときはピッチャーをさせた。後ろを振り返ると、大人が守り、その中に阪神の若い選手も交じっている。そら、抑えられるわね。

夜は打ち上げで食事に、飲み会。キャバレーに繰り出し、そこにオレも連れられて行った。そのキャバレーにはステージがあり、オレが歌うわけ。「いっぽんどっこの唄」。水前寺清子が1966年にリリースしたヒット曲を、オレは歌った。これで賞品をゲットし、それがビールやった。阪神の若い選手にプレゼントして、親父はホンマにうれしそうやった。

ますますタイガースが身近になり、甲子園にも足しげく通った。巨人戦は特に熱くなった。座席は三塁側のベンチの後ろ。目の前に王貞治さん、長嶋茂雄さんが現れる。そこを目掛けて、ヤジる。三塁側でそんな子供はいなかったもんやから、目立っていたわ。

大阪の愛日小、明星中から高校に。どこに進学するか多くの強豪校から誘いはあったけど、オレは友人と話し合って北陽高（現関大北陽高）を選んだ。当時の大阪は私学7強と呼ばれるほど、強豪が入り乱れ、甲子園に出場するのは難しい状況やった。

そこで一度、甲子園に出場することができた。その目標と並行して持っていた夢が「早稲田大に行きたい」やった。小さいとき、テレビで早慶戦の実況を見た。早稲田のユニフォームに憧れを持つようになった。だから勉強したわ。早大に行くために、家庭教師をつけてもらって、勉強したもんよ。

夢かなって早大に進学。次はプロ野球よ。東京六大学でホームランを20本打ち、通算打率と通算打点はいまも記録として残っている。早大で背番号10（主将）を着け、そこからはプロよ。迎えたドラフト会議。実はその前日、模擬ドラフトをテレビでやっていて、そのときは阪急に指名されるんやけど、オレは指名されたところに行く、そう決めていたわ。

12球団の半分、6球団から1位指名を受けた。阪神も入っている。当たりクジを引く確率は6分の1。すると阪神の球団の人が引いたクジが当たり！　相思相愛なんて言われたけど、ホンマ、こんなことがあるんや……と不思議な巡り合わせに驚きもしたな。

そこからスタートしたタイガースでのプロ人生。天国を経験した。１９８５年の日本一。地獄も味わった。日本一後に襲ってきた驚くほどの転落劇。暗黒時代に入る。ランディ・バースが退団し、掛布雅之さんも引退……。オレひとりが残った。苦しかったけど、常にチームのために、阪神のために、の気持ちは失わなかった。

かつてメジャーリーグ、ドジャースの監督だったトム・ラソーダには「オレの体にはドジャーブルーの血が流れている」との有名な言葉があるけど、オレもそう思った。「オレの体にはタイガース・イエローの血が……」という思いよ。

だから２００８年の監督辞任時、世界一の阪神ファンでいる、と言ったのだが、今回の監督復帰はとにかく阪神愛の最後の仕事と決めた。なんとかタイガースのために。それがこの年齢になって巡ってきた最後のチャンス。断る理由なんて、あるわけないわね。今回のリーグ優勝、日本一を、阪神ファンに捧げたい。みんなの阪神愛に乾杯！　なのだ。

星野監督に呼ばれた、あのときとは違う

1点をオレが取らせる!

阪神の監督に最初に就任したのは2004年シーズンからやった。そのときのことを思い出すと、2023年とは大きく違った感覚があった。それをまず伝えたいと思う。

あれは2003年、リーグ優勝を果たした直後やった。当時の監督は星野仙一さん。就任2年目で阪神を18年ぶりの優勝に導いてもらった。オレはそのとき、内野守備走塁コーチでゲームでは三塁コーチャーズボックスに立っていた。

実は星野さんとの関わりはその2年前からになる。2001年のオフ。当時阪神の選手、上坂太一郎の結婚披露宴が名古屋であった。オレはその頃は二軍監督として出席。すると、なんの前触れもなく、星野さんが突然、姿を見せたのだ。すでに次期監督に内定していたこともあり、まさにサプライズ演出やったわけで、そのときに星野さんに呼ばれた。「あとで部屋に来てくれ」。現役時代に対戦したことはあるけど、個人的な会話はしたことがなかった。さてさて、

何を言われるんやろうと、部屋を訪ねると……。「今度、監督をすることに決まった。ついてはオレは阪神のことが分からん。一番阪神のことを分かっているのがお前や。だから力を貸してくれ」と告げられた。

そういうこともあり、2002年は二軍監督だったが、2003年は一軍コーチになったわけ。そら怖かったよ。コーチにはホンマに厳しかった。でもオレは怒られたことがなかったわ。三塁コーチの役目にも「お前の判断にすべて任せる。思い切ってやってくれ」と告げられただけ。本塁への走塁でアウトになるケースもあったけど、一度も怒られなかったな。

そのシーズン終盤、星野さんが体調を崩しているという話が聞こえてきた。確かにそういえばそうか、と思い当たる節はあったけど、まさか優勝して、辞めることはないやろ。そんな感じでいたときに、これも星野さんから直接「話があるから」と呼ばれた。

なんやろ？　見当がつかないまま向き合ったら、突然「オレは今年で監督を辞める」となった。そこから「次はお前や。お前が監督になる。頼むぞ」と続いた。

もしそういうことになれば、次は田淵幸一さん、という話も出ていたので「田淵さんでは」と問うと「違う。お前がやるんや」と言い切って、そのあと「そこでひとつ、頼みがある」となった。

こちらは気が動転しているのに、その頼み事とは……。「平田のことやけど」。平田勝男は当時、星野さんの専属広報。「まあ、スタッフとして、ユニフォームを着させてくれ」と告げられた。

そこから話はドンドン進み、日本シリーズでダイエーに3勝4敗で敗れたあと、星野さんが正式に辞任され、オレの監督就任も発表となった。平田は現役時代、二遊間コンビを組み、苦楽を共にした仲やったし、お互いのことをよく分かり合えていた。オレは平田にヘッドコーチを頼んだ。すると星野さん、平田ヘッド案を聞いて「エッ、コーチでとは言ったけど、ヘッドコーチって、大丈夫か?」と笑っていたのを覚えている。

それでスタートした監督1年目。優勝した翌年やから重圧がかかるやろ、という周りの声はあったけど、オレはさほど感じなかった。ただ優勝しているから、チームを大きく変えることはできなかった。

2年連続優勝の期待が大きかったけど、オレはまず次のシーズン、2005年に向けて、徐々にチーム改革をすべきとの結論に至った。もし優勝できなくても、2年目になる翌年は必ず優勝できるように。戦いをおろそかにしたわけではないが、結果的にはBクラス4位に。その中でオレはチームの若返り、活性化を進めていった。

特に投手陣やった。ベテランが多くて、藪恵壹、伊良部秀輝、下柳剛、外国人投手のトレイ・ムーア。2003年は20勝を挙げた井川慶を除けば彼らが主力を形成していたが、ここを若くて伸び盛りの投手を中心に据えなければ、との考えがまとまった。その素材は豊富にいたわ。エースの井川を筆頭に安藤優也（現一軍投手コーチ）、福原忍（現二軍投手コーチ）……。そこに藤川球児、久保田、外国人のジェフ・ウィリアムス。翌年のＪＦＫ誕生の下地はここで生まれた。

1年目の4位は決して無駄ではない。ファンの期待に応えられなかったけど、オレは2年目、２００５年を見ててくれ、との計算ができていた。

そんな前回監督の1年目と、今回、カムバックしての1年目。考え方や進め方はまったく違っていた。オレにはそんな猶予はない。なんでまた監督に呼ばれたのか。それはチームを勝たせるため。その一点。すなわちいきなり勝負のシーズンと、オレは気持ちを込めた。監督就任の記者会見で、「優勝する」とは言わなかった。でも優勝できるチームであることは強調したつもりよ。長いブランクの間、ネット裏から阪神を追ってきた。あの２００４年のチームは成熟した大人のチームやったけど、２０２３年は伸びしろにあふれた可能性満載のチーム。それをうまく引き出してやれば、優勝は十分に可能と判断していた。

そのためには何が必要か。これまであまり経験したことのない細かい野球の考えやったり、技術的なアレンジ。そのあたりを教えればこのチームはもっとうまくなる。だから決めた。「オレが動く」と。

阪神の野球、岡田彰布の野球はオーソドックスなものになる。すなわち投手力を含めた「守りの野球」に行き着く。それを徹底することを主眼に置き、攻撃では「1点を取る野球」を求める。野球は点取りゲームという人がいるけど、そうは点を取れるものではない。打線は水物。それなら守りを重視し、失点を防ぎにかかる。そして1点でも多く得点する。その1点、「オレが取らせる」と決めたわけですわ。

久しぶりのTG戦
ドラフトの朝、原辰徳からメールが届いた

監督に戻ってからの初仕事というんかな。それが2022年10月20日のドラフト会議やった。だれを1位に指名するのか。ある程度の意見は言わせてもらったけど、そこはスカウトに任せて、オレはクジを引き当てるだけ。だけどね、ホンマ、ドラフトでオレのクジ運の悪さといったら……。

今回は違うぞ。そう言い聞かせながら、球団としての1位指名が決まった。それが高松商高の浅野翔吾だった。迷うことはなかった。高校野球甲子園大会でのバッティングは魅力にあふれたもので、将来性は十分。高校生では抜けた存在として見ていた。

ところがライバルがいた。早々と浅野1位を公表したのが巨人だった。「また原との争いか」となった。クジを引くのが原監督である。1歳下でここからはあえて原と呼び捨てにすることを許してもらうとして、あの2008年以来、場面は違うけど、久しぶりのTとGの争い。原

との戦いになった。

そもそも浅野1位を公表していたのは巨人だけで、他球団のほとんどは即戦力投手を指名すると情報が流れていたし、実際、公表するチームも多かった。そんな中、阪神はというと、公表はなし。でも巨人との一騎打ちということで態勢を整えた。

オレが65歳になる年で原が64歳。ホンマ、長い付き合いになる。2008年の優勝争いのことは、別の項で書いているが、原とは何か因縁を感じる間柄。オレが早大で原が東海大。同じ三塁のポジションで、大学の全日本のメンバーでクリーンアップを組んでいた。三番・原、四番がオレで、五番がヤクルト元監督の小川淳司（中央大）やった。

原はホンマに爽やかな男で、嫌味がなかった。学生時代はよくメシを食いに行ったし、酒も飲んだわ。まあ高校時代から有名やったし、よくモテていた（オレもそこそこはモテたけど）。

オレが1年先にドラフトで阪神に決まり、1年後、原は巨人に。ここにも因縁を感じるんだけど、まずは監督復帰の最初のTG戦よ。やっぱり期するものがあった。

いよいよ会議当日。朝、メールが届いた。「先輩、グラウンドでなくて、こういう状況で戦うのですね」的な文面やった。そう、原からのメールやった。

この時点で阪神は公表していなかったけど、スポーツ新聞には大々的に阪神―巨人、いきなり激突といった見出しが並んでいた。マスコミの情報だが、もう分かられているわけ。だから原もメールしてきたのだが、オレはあえて無視、スルーした。だって、ここで「そうやな」なんて返信したら、公表しなかった意味がなくなる。だから、そのままにしておいたのだが、いよいよ本番。会議会場に入り、原と横並びでクジ引きのステージに上がった。そのとき「スマンかったな。返事せんと」と小さな声で言うと、原はニコッとしてた。どこまでも爽やかなヤツなんよね。

浅野を1位指名したのは2球団だけ。先にクジを引いたのは原で、残ったのをオレが引いた。この時点ですでに「当たり」はなかったわけで、これはどうしようもないこと。原が笑う姿を見ながら、次の作業に入る。

このときのドラフト戦略では、もし浅野が引けなかったら、森下翔太（中大）でいくというのが決まっていた。巨人以外の球団で森下を1位で指名するところはない。確かな情報として判断できていたし、浅野、森下の二段構えでいくことは予定通りやったわけ。それほど森下の評価は高かった。

事前にオレも情報を入手していた。森下の力の判断材料はＤｅＮＡの牧秀悟（中大卒）との比較論。大学球界に詳しい知り合いに聞けば「大学のときでの比較なら森下のほうが上」という声が多かった。スカウトも同様、それ以上に評価していたし、彼を1位で獲得できたことは、クジには負けたけど、十分な補強になるという確信があったたな。

そら浅野は将来性は十分だし、この先、どんな選手になるのか。大きな可能性を秘めているとは思うが、森下はなんと言っても即戦力。指名できた時点から、外野の一角を担えると考えていた。

浅野を巡ったドラフトでの駆け引き。その中で森下が阪神に入った。これも運命やし、負け惜しみではなく、森下を獲れてよかった……と、スカウトを含め、みんなが納得のＴＧ戦になったと思うな。

実りの安芸
原点のグラウンドで65歳のオレはグラブをはめた

２０２２年の11月、いよいよ秋季キャンプだ。向かったのは高知県の安芸。ここはオレの原点とも呼べる場所よ。

プロに入ったのが１９８０年。その年のキャンプ地はアメリカ・アリゾナ州のテンピというところやったけど、その後、タイガータウンだった安芸でスプリングキャンプを張った。まさに汗と涙と泥にまみれた思い出の地。ここでオレは守備の大事さを改めて知ることになった。

１９８５年の2月。監督は吉田義男さんで、オレは外野からセカンドにコンバートとなった。その前にオレは足を痛め、それがかなり深刻なアクシデントだったため、内野から外野に移っていた。その故障がようやく癒え、監督にカムバックした吉田さんがセンターラインの強化を打ち出した。そこで起きたコンバートがオレを二塁に戻し、真弓明信さんを外野にというものやった。首脳陣から「もう足は大丈夫か?」と聞かれ、即答した。「いけます」。センターラインの強化ということで、捕手の木戸克彦、二塁がオレでショートが平田。そのとき、オレは27歳。平田が2歳下で、木戸は3歳下。みんな、年齢的にいい頃を迎えていた。

平田と組んだ二遊間コンビ。とにかく練習に明け暮れた。キャンプで通常の練習を消化したあと、2人でメイン球場を離れ、サブグラウンドに行くのが決まり事になっていた。担当コーチが一枝修平さんで、毎日、毎日、ノックの雨あられ。そら、きつかった。でも、これくらいでないとコンビネーションは生まれない。すっかり日が落ちるまで、反復練習の日々やった。すさまじかったわ。ユニフォームはドロドロで、飛び込んで捕球もするから顔から腕に、土がべったりとついてね。それでも音を上げることはなかった。オレも平田も体力には自信があった。ノックに食らいついていった。コンビだから、併殺プレーを反復する。お互い、どの角度で、どこにトスすればスピードを落とさず完成できるのか。事細かにプレーにこだわった。

へとへとになってグラウンドを出る。声も出ない。しかし充実感はあった。宿舎に戻って食事となるけど、それよりも休みたい……。さらに夜間練習もある。ひたすらバットを振り続ける。そんな1カ月やったな。

おかげでコンビのクセも分かり、理解できた。併殺プレーのとき、4―6―3では平田のどこに投げればスムーズに流れるのか。逆に6―4―3のときは平田もそれを考え、次第に出来上がっていったのが「あうんの呼吸」というのかな。

そんなプロ選手としての原点になったグラウンドに戻ってきた。やはり感慨深いものがあったわ。あのグラウンドで、65歳のオレが若い選手に教える。だからオレはグラブをはめ、内野手としての捕球体勢の基本を若い野手に見せた。

気心の知れたベテラン記者に「無理したらアカンで。体、痛めるで」と冷やかされたけど、全然大丈夫やったわ。まあスポーツ新聞に扱われるやろうとは思ってたけど、勝手に体が動いたって感じやった。

秋季キャンプというのは、個人をレベルアップさせる期間で、それと同時にここで若い選手に、野球とは……ということを伝えたかったわけ。というのも、多分、そういった練習をしたり考えたりする経験が少なかったはず。野球の深みというのかな。

コーチとともに、そういう考え方や練習方法を教えていくと、オレは感じるものがあった。若い選手は興味津々というのか、新鮮な感じで聞き入っているわけよ。それまで知らなかった野球の世界を知ったのか、実に積極的に取り組むではないか。

こういうことが大切なんやと思ったわ。若い人の吸収力はホンマにすごい。こういうことに飢えていた……というふうに前がかりになって挑んでいた。65歳の監督が初めて得た手応えやったもんね。

65歳は関係ない

年齢のギャップ？ そんなもん心配してなかった

監督に復帰することが決まってから、そら周りの人から心配されたわ。「体、大丈夫か？」「選手との年齢差ギャップ、いけるか？」とか、オレの年齢、65歳をホンマ、気にしてもらってたな。まず体のことからだけど、オレはホンマ、丈夫やと思うし、体力には自信がある。現役時代にはプレーによってケガ、故障があったし、選手生命にも関わるほどの重症もあった。ただ、それは選手にはつきもののことで、なにしろ体力面の心配がなかったことが大きかったわね。

まあ丈夫に産んでくれた両親に感謝なんだが、風邪なんか引いた記憶もない。だから世間の同世代の人に比べれば、体力は上回っていると自信はあるよ。

特別、節制したわけでもなく、食事では野菜はほとんど口にしない。「野菜も食べなければ」なんて言われても「ほっといてくれよ。嫌いなもの、無理して食べるほうがストレスになる」と返してきたものだ。

ただね、やはり65歳を実感したな。２０２２年の秋季キャンプから23年2月の沖縄キャンプ。ノックバットを持って、グラウンドで立っているだけやのに、ドッと疲れがくるんよね。それはブランクのせいやと分かっているけど、さすがにアルコールの量も減った。オレは酒が好きなほうで、最近はビールから焼酎というパターンよ。

昔からよく飲んだわ。現役のときは遠征先のどこにでもなじみの店があって、ベテランになると若い選手、裏方さんを連れて、繰り出したもんやった。

監督になっても変わらなかったよね。前回の阪神監督就任時、オレは46歳。そら元気よ。試合が終わり、遠征先のホテルで食事するのだが、コーチ会議の延長みたいに話し込んで、食堂が閉まる時間になる。それでもしゃべり足りずに、監督部屋に場所を移し、そこから延々、ミーティングが続く。さすがにコーチはしんどかったと思うわ。でも野球の話になれば止まらんのよ。当時のコーチ陣には、この場を借りて、謝っておきますわ。

あれから19年か……。キャンプでは自分でグラブを着けて、守備の基本を若い選手に教えたわけだけど、ここまでしないと気が済まない。

練習が終わって宿舎に戻る。風呂に入って食事となるが、横になりたくなる。アルコールもごくわずか。コーチとの話もそこそこに部屋に戻るわけ。テレビを眺めながら、気がついたら眠りについていた。こんな毎日だったけど、朝方には必ず目が覚める。それも朝の４時。年いくと、よくあることらしいけど、オレもそんな年になったんやな……と思って考えていたわ。

それでも体と気持ちは慣れてくれば、もう平気やった。暑い夏、あれは8月だった。ホンマにしんどくなって、親しい人間にそっと「今年で辞めるかも……」と言ったことがある。まあ、それは気分が落ち込んだときのグチのようなもので、オレが辞めたら、来年、どうする？と考えて、2年目に向かう気持ちを固めたわ。

そんな年齢のことで選手とのギャップは心配ないのか……と問われたけど、そんなもん、オレはまったく心配してなかった。もともとオレは選手と一線を画すというか、適度な距離をとってきた。伝えたいことはコーチを通じてという方式なのだが、それでもベンチの裏で、話すことはある。

最近の若者は……なんてフレーズを聞くけど、そんなふうにオレは感じなかった。逆に若い選手ののみ込みの早さ、素直さ、意欲というものをじかに感じ取っていた。そら息子より年の若い選手ばかり。オレから近づくのもなんだし、あくまで自然体というのか、まったく気負うことなく、向き合えたと思う。

オリックスの監督時代にこんなことがあった。シーズン中、選手を代表して2人のベテランが話がある……ときた。何事やと思ったら、「監督、試合中に怒らないでください」と言うのよ。「なんでや？」と問うと、こう答えた。「若い選手が萎縮して、普通にプレーできないので」。

こんなことは初めてやった。少しあきれたが、いまの若い者の考え方、物事の捉え方が分かった気がした。

ただ、そんなんでオレは「分かった」とはならないし、接し方を変える気もサラサラなかった。それより、もっと強くなれ！　やったな。

あれから10年以上か。迎えた2022年の秋のキャンプでいきなり感じたのが、若い選手の意欲的な取り組みやった。うまくなりたい、強くなりたい……。それが練習の取り組み方にストレートに出ていた。オレは伸びしろを感じた。こいつらをなんとかうまくしてやりたい。指導の原点、そして選手が取り組む原点が合致したと振り返ることができる。

古い人間ですが、何か？
余計なことは「撤廃」し、「アレ」を使ったんよ

オレは昭和の人間です。１９５７年生まれ、昭和でいうと32年生まれになる。選手はというと、昭和生まれはいない。みんな平成生まれ。でもって、オレは「撤廃」する項目をいくつか挙げた。昭和の人間と言われることになりそうだが、ためらうことはなかった。

まず「メダル贈呈」のような儀式はやめる。前もって理解してもらいたいのだが、これは何も前年までの在り方を否定しているわけではない。例えば試合中のパフォーマンスというのかな。ホームランを打った選手を迎えるとき、首に手づくりのメダルのようなものをかけていた。チームとしての喜びを表現するものなんだろうけど、オレはどうしてもそれを続ける気にはならなかった。

だから撤廃した。もともと、パフォーマンスには縁遠い人間だと自分で思っている。それが昭和の人間と呼ばれるゆえんなんだろうけど。ベンチで喜ぶのは一瞬でいい。ほかにやるべき

ことがあるんやないか。それがオレの考えなんよね。監督の立場として、次はどうする？　こうなったら、どう対応していけばいいのか？　オレはベンチで次の一手、二手、三手先のことを考えてきた。古いと言われようが、これはずっと変わらない考え方なんよ。

だからメダルの儀式をやめ、次にキャプテン制も撤廃した。別に選手会長がいる。2023年は近本光司がその役を担ったが、チームキャプテンはどうする？　となったとき、選ばなくていいとオレの考えを球団に伝えた。

ひとりにプレー以外の特別な負担をかける必要はない。逆に言えば、みんな（特にベテラン、中堅）が胸に「C」マークを着けているくらいの気持ちで戦ってくれ。そういう意味合いもあって、Cマークは撤廃した。

こう書いていくと、なんとも堅い人間と思われるかもしれない。確かに野球に関しては堅い人間だし、頑固である。これは自分でも認めることで、余計なことを考えず、野球に集中する。これをオレは貫きたいのだ。

そんな中で、オレなりに決め事をつくった。まず優勝と言葉にせず「アレ」と言うことに決めた。これは2010年のオリックス監督時代がスタートとなっているけど、実はそれ以前に「アレ」を使う原因があった。あまり知られていないかもしれないわ。

2008年のことよ。ご存じのようにこのシーズン、スタートから飛び出し、シーズン半ば

2023年、「アレ」を目指して戦った

OKADA
80
Joshin

で独走状態に入った。オレだって優勝すると信じて疑わなかった。その半面、勝負事は何が起きるか分からない。自制するように、自分なりに優勝の2文字を封印したのだ。

ところがあるコーチがトラ番に囲まれ、「優勝間違いなし」的なコメントを発している記事を見た。そんな簡単に言っていいのか。さすがにそのコーチに「軽々しく優勝なんて言うな」と伝えたわ。そんなことがあってのそのシーズンの終盤。例の巨人の猛追を受け、最後、逆転を許してしまった。2005年には優勝しているけど、改めて簡単なものではない……と肝に銘じながら、オレは責任を取って監督を退いた。

「アレ」の語源はそこからなんだけど、2023年シーズンは「アレ」がファンの間にも浸透。オレ自身、ますます言えなくなっていただけに、リーグ優勝した日、ようやく「優勝」と言葉にできたのが、ホンマ、気持ちよかった。

ほかに、もうひとつ。「グーかパーか問題」やね。いまの野球、得点したり抑えたりすると、みんなで「グータッチ」するのが習わしのようになっている。有名なのが原前巨人監督のグータッチなのだが、オレはどうも違うと気になっていた。ジャンケンではグーより強いのがパーやないか。それなら阪神はグータッチをやめて、パータッチにする。なんでも強いほうがいいに決まってるやろ……という発想で、パータッチするよう選手に伝えた。選手も笑いながら受け入れたようで、オレのこだわりが「パー」になって出ているということなんよね。

2023年9月14日。優勝監督インタビューで、ついに「優勝」と言葉にすると、甲子園が沸き上がった

第二章　そら観察よ

四番を決めた！
大山はとにかく真面目な選手よ

打線の軸。これは「四番」だと、オレは決めている。昨今のプロ野球界には、いろいろな説が登場する。例えば一時はやった二番最強説だったり、三番最強説だったり……。オレはどんなことがあっても「四番が軸」説を曲げない。

１９８５年の日本一シーズンは掛布さんが四番でドシッと構えていた。その前のバースがいくら打っても、後ろを打つオレがどれだけ調子よくても、時の監督、吉田義男さんは「四番・掛布」を貫いた。

２００３年の優勝時、監督の星野仙一さんは三番・金本を動かさず、四番は流動的な打順にして臨んだ。そのあとを受けて監督になったオレは２００４年から、自分流を掲げた。それが四番・金本。監督就任からすぐ、オレには決めなければならないことがあった。打線の軸、四番をどうするか。言ってみれば、これを決めるのが監督の初仕事やった。

そのとき早々と金本に会い、そしてこう告げた。「四番を任せた。全部ホームランを狙え！」。無茶な要求だったが、四番は少々わがままでもいい。ホームラン一発でチームを勝たせる。打てなければチームが負ける。勝敗をすべて背負っているのが四番。それを金本に求めた。

シーズンに入り、試合前の監督の仕事はメンバー表に先発を書き込むこと。オレはまず四番・金本から記すようになった。だって迷うことがないからよ。ほかの打順は相手投手との兼ね合い、それに調子に応じて変えることもあるけど、四番だけは替えはいない。軸が決まる。これほど監督にとって楽なことはない。

さて2023年シーズン、四番はどうする？　とオレは考えた。当初、オレの頭の中、大部分を占めていたのは佐藤輝明やった。遠くに飛ばす能力は間違いない。あとは細かいところを修正していけば、十分に四番を託せる。そう考えていたら、おおっと思うことがあった。それが大山悠輔の存在やった。

春の沖縄キャンプ。オレはまず「見る」ことに終始した。選手の動き、能力。見ることによって、先入観は取れ、意外な面を発見することができる。見れば、大山の周りには自然に人が集まるんよな。佐藤輝はまだ3年目。そこまで求めるのは酷やし、大山には同僚や後輩が集まる要素があるというのが分かった。

とにかく真面目な選手よ。練習に取り組む姿勢というのかな。手を抜かないし、常に全力で

Joshin
Tigers
80

2023年春季の宜野座キャンプ。すべては「見る」ことからスタートした

向かっていた。ゲームでも絶対に一塁に全力疾走よ。これにオレはストップをかけた。評論家時代から大山と接したとき、「もう全力疾走せんでええよ」と伝えていた。クリーンアップを打つのだから、もっと堂々として、凡打なら、それなりの風情で済ませばいいのに、大山は違った。それでケガでもしたら……と余計な心配をしてしまうほどやった。

監督に戻ってきて、大山には改めて全力疾走の禁止を伝えたら、それを守らなかった。キャンプ、オープン戦でもいつも通り。これ大山のプレースタイルなんや、とオレも納得するしかなかった。

四番とは、みんなが認めるバッター。これが四番の条件よ。「なんでアイツが?」「アイツの四番は無理がある」なんて声が出るような選手に四番は務まらないし、任せられない。そうよ、だれからも認められるバッター。それが四番だから、オレはここで決めたわけよ。

四番・大山。これをシーズンで貫く。そういう意味でオレは相当頑固かもしれない。これと決めたら最後まで。そらケガしたりしたら別やけど、それ以外は大山の四番は揺るがないものとなった。

そら阪神の四番は重圧がすごいよ。オレも打ったことがあるけど、結果を出せば大ヒーロー、悪ければ戦犯。マスコミの論調もえげつなかったわ。ここまでたたかなくても……というほどケチョンケチョンやし、ジェットコースターのような扱われ方よ。過去の田淵さん、掛布さんが嫌というほど経験してきたことに、大山は耐えてくれるのか？　まず結論を書く。見事に四番を守り切り、本当に軸としての存在感を示してくれた。日々、本物の四番らしさが漂うようになった。打ち損じても、相変わらず全力疾走を続け、ベンチに引き揚げる際も、前を向いて堂々としていた。

数字的に特筆するべきものはない。でも四番として胸を張れるのが四球の多さ。リーグトップの四球（99）を得たことこそ、大山の進化と言える。そら四番だって人間よ。打席に立てば、打ちたい、打ちたいの心であふれている。以前なら少々のボール球に対し、強引に打って出ていたのが、グッと抑えることができるようになった。ボール球に手を出して、自分の打撃を崩すパターンから、ボール球を見極めることによって、状態は大崩れすることがなくなった。さらに四球で出塁することで、チャンスが膨らみ、そら後ろの佐藤輝の打点が増えるのも当然。２０２３年シーズン、大山は最高出塁率のタイトルを獲ったが、これは我慢を重ねた素晴らしい記録よ。胸を張れ！　と言葉を掛けたいよな。

そういえば9月14日、優勝を決めたあと、大山がこらえていた涙をこぼしていた。あれを見て、ジンときた。四番として耐えていたんだ。弱音を吐かず、いつも前を向いて重責を担ってきた。それが実り、そして解放された。あの涙はまさに四番の涙……。そしてオレは「四番に決めてよかった」としみじみと思っていた。

NEUS
7
NAKANO
51
KUBOTA
90
MIZUGUCHI
73
TADA

優勝を決めたあと、涙ぐむ大山を抱きしめた

佐藤輝明は不思議な選手

「最高でーす禁止令」を出した

四番が決まった。さあ次はなんだ？　トラ番記者の質問で最も多かったのは佐藤輝に関してのものやった。それほど注目されている選手。それはよく分かっていた。なにしろ久々に阪神に誕生した長距離砲。そらマスコミも大きく扱うわな。

佐藤輝が阪神に入団したとき、オレは評論家生活を送っていた。阪神のゲーム中心に現場で観戦し、球場に行けない日はテレビで欠かさず見ていた。とにかく持っているポテンシャルはすごいものがある。これは相当な選手だし、ホームランをかなり打てると見ていた。ところがあまりに三振が多い。これが気になった。すると、ほかの評論家は「あれでいい。思い切って振れることが素晴らしい」と、三振も許容範囲といった論評が多かった。

オレはエッと思った。三振しても構わない。振り切れるところを大事にしろって、おかしくないか。そら三振もあるわ。でも、これだけ多く三振して、それでも構わないって、オレには理解できなかった。

そんな印象が強かったから、監督になって観察すると、なんでもかんでも振りにいくという傾向が強く、これでは三振が増えて当然……という結論に行き着いた。タイミングさえ合えば、とんでもない打球を飛ばす。しかしタイミングが合わなければ、ホンマ、もろさを露呈。これでは確実性は出ないと思っていた。だからキャンプから修正に取り組んだ。タイミングの取り方、構えの変化、スタンス。それでもなかなか修復はできなかった。

開幕から「底」の状態が続き、脱することができない。打線が好調な中、ひとり乗り遅れているような感覚になったんやろな。自分の殻に閉じこもるような動きも見えた。

オレはそういうところを見るようにしている。打順は五番から六番。さらに先発から外すことになる。するとチームとして戦っているのに、何か考え事をしているのか、浮いているようにオレには見えた。

こうなるとつらいわな。ほかのメンバーも見ているし、気がついている。自分を押し殺すことができなくなっていたのだろう。それでオレは6月終わり、二軍に行くようにコーチに指示した。

ヘッドコーチの平田は「野球以外のところも、みんな、見ているぞ」と伝えた。その通りなのだ。だから考える時間と、野球に対する取り組み。それらをもう一度、やり直してこい。そういう処置やった。

7月初め。意外と早い一軍への復帰やったけど、これはチーム事情によるものやった。その後の佐藤輝は……というと8月から9月。ホンマに大きく変わったわ。打撃では強引さが少なくなり、左中間に飛ぶ打球が多くなった。逆らわずにコンタクトしているからで、これにより率が上昇。すると相手投手の攻めも変わってきて、インコースの甘めは一発で仕留めるようになった。

何よりの変化は、あいつの口から発せられるコメントよ。ヒーローインタビューでマイクを向けられると必ず「最高でーす」とやっていたけど、オレはもちろん気にくわないわけ。スタンドに残ってくれてるファンは「最高でーす」を聞きに来ているわけじゃない。もっと具体的なことを欲しているのに、あの「最高でーす」はないやろ。だからオレは球団の人間に「もう最高でーすは言わすな」と指示した。そう「最高でーす禁止令」よ。

そらそうよ。少し前から「最高でーす」と言えば盛り上がると思っていたのだろうが、それは考え違いしている。言葉の重みというのかな。注目されている選手のコメントはやはり反響があるわけで、もっと考えてしゃべれ、とオレの考えを伝えたのだ。

番記者が「佐藤輝はどうです?」とちょくちょく聞いてくるたびに、オレは「変わったやろ。インタビュー聞いてて、分からんか」と答えるようにしていた。本当にメンタルでの変化が野球に大きく影響していると思う。佐藤輝のことを「不思議な選手」とも言っていたのは、調子がいいのかどうか、つかみづらいためだった。バッターの好調期はだいたい長くて3週間から1カ月。ところが佐藤輝はいい状態と思ったらすぐに悪くなる。そういう繰り返しで、まったくつかみどころのない選手。だから不思議だったのだが、シーズン終盤、ついにひと皮むけたか、と感じさせる安定性を示していた。打率・250台も怪しいとされていたのが・263まで持ってきたし、本塁打と打点はチームトップ。中盤までのことを考えれば、相当な成長曲線と言える。

ようやく気持ちと体がマッチした。そうなれば強い。佐藤輝にとってはこのシーズンの経験、それは大きな財産になるのは間違いなしよ。

コンバートの効果

中野はやっぱりすごい選手よ

2012年にオリックスの監督を退き、そこから評論家生活に入った。所属新聞社の評論の仕事で現場に行くこともあったが、それ以外はテレビで阪神のゲームを追っていた。その頃よく言われたのが「監督目線」という言葉やった。ただ漫然と見るのではなく、監督目線でゲームを追う。でも、そんな大層なことではなく、「オレなら、こうする」といった感じの観戦の仕方やったわ。

監督目線なんておこがましい。しかし、長い評論家時代が、自分なりにプラスになっていた、と実感することがある。今回の監督カムバックで、チームにどういう変化を与えればいいか。まず考え、取り組んだのが中野のセカンドへのコンバートやった。

新人でいきなりショートのレギュラーを獲った。与えられたものではなく、自力で獲ったものだから、これはたいしたもん。ずっと見てて、中野の力、そして器用になんでもこなせる技術は相当なもの、と思っていた。ドラフト6位での入団と知り、改めて中野にはかなりの潜在能力が秘められていた、ということが分かった。守備もバッティングも、ホンマ、器用にこなせるわけよ。

ただし、その中でオレには引っ掛かるところがあった。それが守備での肩の問題。テレビでショートから一塁への送球が乱れるシーンがあった。ハハーン、これは肩に自信がないのか、とオレなりにピンときた。中野のショートのポジショニングなんだけど、かなり前に取っていた。これは肩との兼ね合いとオレは感じた。肩が弱い……というほどではないし、十分ショートでやっていけるポテンシャルの高さがあったけど、より中野の器用さを生かせる方法はないか？　そこでセカンドへのコンバートに踏み切った。

実はオレもコンバート組で、1985年に外野から二塁にコンバートされている。戸惑いはまったくなかった。もともと内野を守っていたし、圧倒的に前向きな変更と捉えていたけど、これは選手個々で、気持ちが違う。中野はそれを受け入れ、前向きに考えていったようだ。

慣れ親しんだポジションとは、距離にしてわずかな違いよ。でもショートからと、セカンドからでは、見える景色が違う。もちろん一連の動きも違ってくるし、それに対応するには練習、反復練習するしかない。

新生タイガースのオレの基本方針はポジションの固定にあった。試合によってポジションを変えるのではなく、固定することで、余計な負担を減らす。守りの固定＝攻撃力に通じる。これを柱に置いた。大山の一塁、佐藤輝の三塁。まずこれを決めて、セカンドに中野。2023年のキモやった。

では中野セカンドで、空いたショートはどうする？　そんなんは小幡竜平と木浪聖也を競り合わせていけば十分に埋まる。これで内野陣の守りを固めての打力向上プランはスタートすることになったのだ。

改めてになるけど、中野はやっぱりすごい選手よ。オレはセカンド守備に関しては不安感ゼロ。それより、際立つプレーが見られると思っていた。

数字的には失策、ミスが多くあっても、致命的というのはほとんどなかった。それよりも球際の強さを存分に発揮し、チームを何度も助けた。気になっていたショートとの連係プレーも木浪との間で、スムーズに運んでいたし、キモになったコンバートは成功。そう言い切ってもいいんやないかと思っている。

繰り返すけど、中野はホンマに器用。コンバートによって、バッティングに影響しないかと見る向きもあったけど、そんなことは杞憂《きゆう》やった。二番という打順でシーズンフル出場よ。これはすごい。そらそうよね。コンバート1年目で、すぐに慣れ、打撃でもシーズン安打がリーグ最多。タイトルまで獲ったのだから、ある意味、阪神のリーグ優勝の象徴的な選手……。そらそうよ。セカンド中野が決まったことで、一番・近本、二番・中野の打線が組めたし、恐怖の八番、木浪が生まれた。

中野はゴールデン・グラブ賞にも選ばれた。価値ある1年の働きやった、とオレは感じているわけよ。

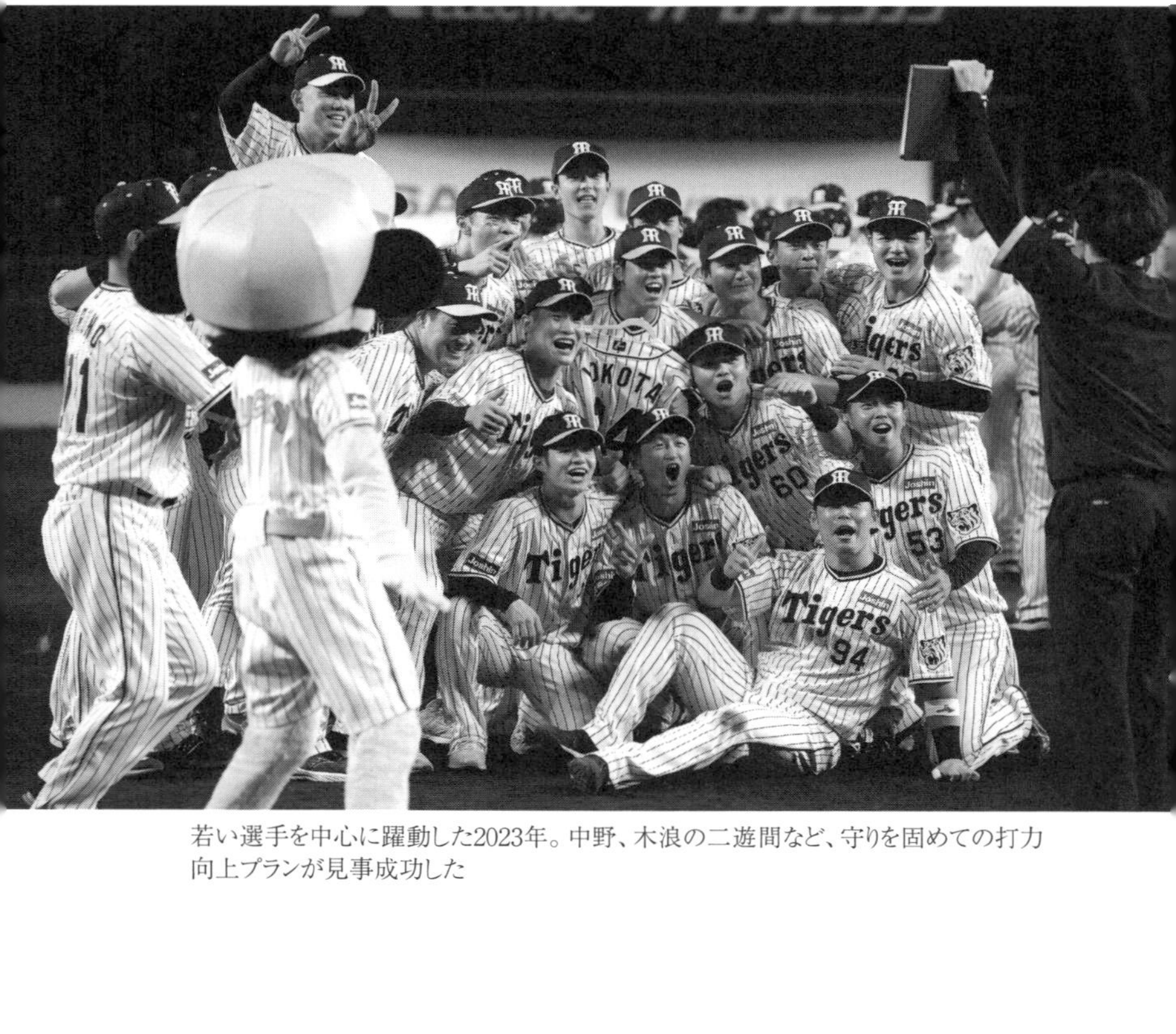

若い選手を中心に躍動した2023年。中野、木浪の二遊間など、守りを固めての打力向上プランが見事成功した

恐怖の八番

オレは木浪の潜在能力を「見る」ことで発見したわ

やはり「見る」ことから始まった。

監督でもコーチでも、オレの基本は「見る」ことでスタートする。例えばキャンプ。練習に入る前、全体でのアップから始まる。体をほぐし、ランニングして準備に入るわけだが、選手一人ひとりの動きを、コーチはしっかりと見ておかねばならない。それもしないで、リラックスして談笑しているコーチがいたら、オレは見逃さない。

選手がどういう状態なのか。少し足を引きずるような選手も中にはいる。故障の前兆か。選手はそれを申告せず、我慢して動いている。そうしないといけない立場の選手もいる。それをコーチが漫然と見ているだけでは話にならない。だから「見る」ことの重要性をコーチには説いてきた。

この「見る」ことによって生まれたのが「恐怖の八番」と呼ばれるようになった木浪よ。最初、オレの頭の中では木浪の存在はさほど大きくはなかった。中野をショートからセカンドにコンバートすることを決めたあと、さあ、ショートはどうする？　となる。もちろん考えはあった。若い伸び盛りの小幡でいく。肩が強く、守備も堅実。十分に先発でやっていけると、オレなりに判断していた。

もともと木浪にはいい印象がなかった。評論家時代、ネット裏から阪神を見てきた率直な感想は「木浪や北條（史也）は何をしてたんや」だった。ショートのレギュラーをつかみかけていたのに、中野がルーキーで入団してくると簡単にポジションを奪われた。これが疑問やった。ここ数年、何をやってきたのか。あっさりと新人にレギュラーを奪われて……。そら情けないで、という思いを持ちながら、見てきた。

それが根底にあるものだから、木浪に関しては、それほどの期待感はなかった。しかし2022年の秋、2023年の春。オレは木浪の潜在能力を「見る」ことで発見したのよ。実にシャープに動くし、肩が思っていた以上に強いことが分かった。これで決めた。中野の抜けたショートを小幡と木浪で競り合わせる。これで1年は戦える。そういう結論に至り、開幕を迎えたのだ。

最初は小幡先発でスタートしたが、直後に木浪を使って、これがハマった。まず打つことでアピールしてきた。そして守備も安定したものを示していた。「八番ショート」。ここがキーになるな……と、その時点で感触としてあった。

木浪の今年に懸ける思いというのかな。試合のある日も早くから球場に入り、黙々と準備しているという報告を聞いていた。小幡がそうではない、というわけやないよ。小幡もまた努力していたけど、木浪のそれはタイムリーに結果として出たのよね。

まず八番という打順の役割を、すべて分かっていた。八番という打順は軽く見られがちだが、決してそうではない。打線に流れがある中、八番によってそれがうまくつながり、機能する面白さがある。

それを木浪は理解できていた。例えば二死で回ってきたら、なんでもいいから出塁して九番の投手まで回す。これで攻撃が終わっても、次は一番から始まる。そういう形づくりができる打順であり、先頭で臨んだ場合、ここで出塁し投手の送りバントで、チャンスを膨らませる。2023年、一番・近本の得点圏打率が高かった要因が、八番・木浪の出塁によるものやった。

オレは八番・木浪を動かさなかった。近本が死球で欠場したとき、一度だけ動かしたけど、それ以外は八番に固定。そのうち、マスコミには「恐怖の八番」と称されるようになり、オールスターのファン投票で大きな支持を集めた。八番という打順では画期的なことやと思うけど、ファンも木浪の働きを高く評価して、オレはそれがうれしかった。

バッティングでは構えを変え、バットを寝かすように入り、うまくタイミングを取れる工夫をしていた。そこに行き着くまでの努力というのかな。やってきたことが実を結ぶ。これが尊いのよ。失いかけた自信が再び芽生え、あれは8月26日の巨人戦（東京ドーム）やった。5回にタイムリーを打ち、7回には満塁ホームラン。これが木浪の「今シーズン初本塁打」になった。打ち合いに決着をつける一発……。うれしかったよね。ベンチから放物線に見ほれていたもん。

守りにしても、失策は確かに多いよ。だが致命的なエラーは少なくなったと思う。これまでも阪神はエラーの多さを指摘されていた。ゲームだからミスは出る。これは仕方ない部分もある。でも負けに直結するようなミスが減ったことが大切なんよね。そら、エラーの数を減らすのは大事やけど、中身の問題やとオレは思っている。イージーなミスはなくせ。アウトにできる簡単なプレーは正確にアウトにする。こちらはいつもいつもファインプレーを期待しているのではない。守りの基本というのかな、簡単にミスするなってことで、エラーの数は多かったけど、オレは間違いなくよくなっている、と言い切れるし、その代表格が木浪のショートやったと思っている。

キャッチャーはどうする？

梅野と坂本「4対2」の法則よ

優勝チームに名捕手あり！　球界の定説とも言えるこのフレーズ、オレはいつも「確かに」と感じてきた。それほどキャッチャーというポジションは重要で、ここをだれに任すかによって、チーム力は大きく左右されるわけよ。

守りの野球の要。阪神でもこの定説は実証されてきた。1985年の日本一シーズンには木戸がいた。2003年、2005年のリーグ優勝時には矢野燿大（当時は輝弘）がマスクをかぶり続けた。オレの前回の監督時、1年を通して、ほぼ矢野を先発で起用した。これがオレの基本的な考えで、レギュラーと決めた以上、143試合なら120試合は先発出場させる。ケガや故障がない限り、これを基本に考えた。

振り返れば、矢野はホンマ、安心できるキャッチャーやった。「安全運転」で無茶はしない。「こんなもんでエエか」といった雑なところもなし。いつも投手ファーストで、投手のいいボールを引き出し、気持ちよく投げさせる。そんな捕手やったわ。

だからベンチから見てても「なんでや？」というリードがなかったし、そんな中で本人も迷うことがあると、必ずベンチを見てアドバイスを求めてくる。ベンチにとっては、ホンマに安心できる存在で、そこに加えて、バッティングがよかった。

オレはいつも言うのよ。キャッチャーは打たんでエエ。昔から草野球では「八番キャッチャー」が定番やったけど、それでエエと思っている。打つより守り。ここに力点を置いての考え方はまったく変わらないけど、矢野は、はるかに超えるバッティングを見せてくれた。それでも2005年の開幕戦オーダーを見れば「八番・矢野」でスタートしている。要するに七番、八番を打つキャッチャーが結果を残せば、得点力がグッとアップするわけよね。

オレは2023年シーズン、レギュラー捕手、「正妻」は梅野隆太郎と決め、取材されるたびに、この考えを明かした。矢野前監督は捕手併用的な起用法だったけど、オレはあくまでメインは梅野。それはなぜか？　そら3年連続ゴールデン・グラブ賞に輝いた捕手よ（2018〜20年）。これを無視するわけにはいかん。

ただし併用という考えはないにしろ、坂本誠志郎の起用法も考えるところはあった。というのも2023年、先発投手のローテーションを6人で回すのだが、その中に新しい投手がいた。大竹と村上の2人。それ以外の投手は梅野とバッテリーを組んできたけど、新しい投手には坂本を組ませる。こういう起用法もあり、と思い、「4対2」の法則を実践したのだ。

2カード6試合。梅野が4試合先発で、坂本が2試合先発。あくまで梅野がレギュラーだけど、この形でシーズンを進めることに決めた。

順調に進んだ4対2方式だったけど、アクシデントが発生した。8月13日のヤクルト戦（京セラドーム）で、梅野が死球を受け、左手を負傷する。これは困った。すぐに骨折が判明し、長期離脱を覚悟したが、そこからの2カ月、坂本に任すしかない。もちろん、1人、キャッチャーを一軍に上げるけど、補充はできても、梅野の代わりはおらん。さすがにこのときはピンチと感じたな。

だけど坂本が頑張ってくれた。「七番・坂本」として、チームの大ピンチを救ってくれたのだが、この坂本という捕手、オレなりの表現では「ヤンチャなキャッチャー」といったところか。先に書いたが、矢野が「安全運転」なら坂本は「時にヤンチャな運転」をする。ベンチから見ていて「エッ！」と声が出るリードがあったけど、これがハマるんよな。

セオリー通りなら外角勝負となるところで内角を要求。それを2球、3球と続けるあたり、ホンマ、ヤンチャなリードと思ったけど、投げる投手もコントロールがいいから、そこにズバッと投げ込んでくる。裏をかく、強気のリードは坂本の持ち味。投手とのコンビネーションがいいから、こういうリードがピタリと合うわけなんよ。

そらかつての野村克也さんとか古田敦也のような打てる捕手が理想だが、そんな選手はなかなか出てこない。打てなくても、守りさえしっかりしてればいいのが、このキャッチャーというポジションで、坂本は七番という打順でホンマ、機能してくれた。いいところでタイムリーを打つ勝負強さがあり、八番・木浪との連動により、下位打線が得点に結びつく起点になった試合はかなりあった。

梅野と坂本……、この２人がいたから乗り切れたということなんよ。

リーグ優勝を決めたあと、喜びを分かち合う梅野(右)と坂本

実力主義

いい選手は1年目から使う、それだけのことよ

オレは「たられば」の話は極力、しないようにしている。でも今回だけは、たら……や、れば……が出てしまう。ルーキーの森下のことよ。

2022年のドラフト会議のことは別の項で書いたけど、阪神が1位に指名したのが高松商高の浅野だった。巨人も浅野指名でいきなりのTG対決。その当たりクジを原辰徳が先に引いていた。あとから引いたオレには勝ち目はなかったということだけで、もし残り福となっていたら……。阪神1位・森下はなかったということになっていた。

人生の分岐点というのかな。森下自身もそうだが、阪神というチームにとっても、あの外れクジが大きな意味を持つことになろうとは。リーグ優勝、日本一を果たしたいま、改めて、その不思議さを思う。

タイガースがもし浅野を獲得できていたなら。そら浅野は将来性ピカ一よ。だけど1年目か

らすぐにというわけにはいかなかっただろう。巨人に先を越されて、うちとしては想定通り、外れ1位で森下を指名。外れ1位だけど、これは実質1位の評価。浅野を逃しても、ダメージはなかった。

キャンプで森下のバッティングをチェックした時点で、1年目から一軍で起用すると決めた。それほどの魅力を備えたルーキーよ。まずはバットを「振れる」という長所があった。そら、だれだってバットは振れるよね。でもフルスイングするのは、簡単なことではない。力がないとできないし、スイングの速さがなければならない。もともと、体に強さがあったんやろね。しっかりした下半身から生み出されるスイングはホンマ、力強いものやった。

キャンプのとき、ちょうど仕事で沖縄に来ていた鳥谷敬と話した。森下に背番号「1」を継いでもらった鳥谷が「どうです、森下は?」と聞くから「1年目のお前より、バッティングは上よ」と返したら、苦笑いしていたけど、ことバッティングに関しては、非凡さが際立っていた。

ドラフト前の調査で、大学時代の牧（ＤｅＮＡ）より上、という評価はうなずけるものやった。外野の守りも欠点らしいものはなく、肩の強さも示していた。これならいける。オレは森下の一軍、そして先発出場でもいけると判断したのよね。

プロのキャリアは重要な要素よ。だけど、あくまでプロは力の世界。いい選手は使う。1年目でも使う。これは当たり前のこと。それだけのことよ。

オレにはトラウマがある。自分のルーキー時代のことを思い出すからだ。早稲田大からドラフト1位で入団。ところが待ち受けていたのがプロの洗礼というのか、信じられない通告やった。時の監督は外国人のドン・ブレイザーやった。あるとき、コーチ兼通訳の人が、オレにこう言ってきた。「大リーグではいきなりルーキーは起用しない。時間をかけてから、最もいいタイミングで試合に出す」とのこと。それが大リーグ方式との説明を受けた。

エッと思ったわ。そんな方式はメジャーではないはず。なんとも理不尽な扱いと感じた。ブレイザーがオレを起用しなかった理由があった。当時はそこまで裏を考えなかったけど、多くのトラ番記者に聞かされた。ブレイザーの勧めで、デーブ・ヒルトンという外国人をすでに加入させていた。同じ二塁手ということで、ブレイザーはヒルトンを起用したかった。そんな事情があっての「ルーキーは使わない」発言……。納得はいかなかったけど、監督の指示だから従うしかなかった。

この起用法をめぐり、ブレイザーはシーズン途中で監督を辞任することになったのは有名な話だが、そんな経験があったから、オレはあくまで実力主義。監督になって、キャリアや年齢は関係なく、力があればルーキーでも起用するという当たり前を、強調したつもりやった。

前監督時代の２００４年、鳥谷を新人で開幕からショートで起用した。バッティングで結果が出ないことに「鳥谷と心中するつもりか?」と記者に聞かれ、オレは「そんな気はない。力があるから使うだけのことよ。いずれ10年は阪神のショートは安泰と言われるはず。ルーキーだから……なんてこと、まったく考えてない」。それまでショートを守っていた藤本敦士（現一軍内野守備走塁コーチ）もホンマええ選手やったけど、これは新人で味わったオレの経験があったからの言葉やし、森下にもそれは当てはまる。

もちろん1年目から順風でいけるはずがない。森下もケガや不振で二軍落ちを経験したけど、プロの世界、プロの投手に慣れるにしたがって、潜在能力を発揮。シーズンの中盤から一軍に定着し、オレは三番というクリーンアップを打たせるまでになった。

そしたら、ホンマ、勝負強いところを出すようになったのよ。「劇的打」が多いのも森下の特性やろね。意外性を秘め、チームの空気を変える力を持っている。「持ってる男」って感じかな。いい選手は使う、の典型になってくれたけど、幾分、調子に乗るタイプのようだ。だから、いまのうちに野球をさらに教えていく。ふがいない打席が続き、ベンチで涙を流したこともあったけど（9月29日、対ＤｅＮＡ、横浜）、さらに強くなって、不動のクリーンアップを目指せ。

外国人選手はギャンブル？

ミエちゃんの告白を聞いてオレは思ったのよ

今回、監督をするにあたり、球団といろいろな話し合いを持った。その中のひとつが外国人選手問題やった。オレは素直に疑問をぶつけた。「前から思っていたけど、外国人をこれほど多く獲得する意味はあるか？」。評論家時代、チーム構成上で外国人を多く在籍させることが正直、おかしいと思っていた。どこの球団もそうだが、7人、8人と外国人選手を登録し、それがトレンドみたいになっていたけど、それよりは少数精鋭、さらに若い日本人選手を育成したほうが有意義との考えがオレにはあった。

オレも数多くの外国人選手を見てきたし、実際にともにプレーしてきた。

最高の外国人選手？　そんなん決まってるわ。バース、バースの一択よ。バースが阪神に入団したときは二番手の外国人選手やった。スティーブ・ストローターという外国人がメインで、バースは二番手評価。ところがストローターはまったくダメで、早々とクビになった。残されたバースはどうしたか？　まず日本に、そしてチームになじもうと必死やった。日本の野球を勉強し、チームのみんなから親しまれる選手になっていく。

日本の投手の特徴を把握することから始まったわけで、その中で広角に打てる技術を身につけていった。そのためにいろんなことを聞いてきた。掛布さんやオレに「変化球の対応はどうすればいいのか」などと質問して、ホンマ、熱心に取り組んでいたわ。

こういうことが大事なんやと感じたよね。それなりのプライドがあったと思うけど、それを捨てて、新たに挑戦する。バースの探求心が成功の源と思うよね。

1985年のバックスクリーン3連発は語り継がれているけど、バースは2年連続三冠王よ。とんでもない外国人選手やったし、オレの中では最強の選手。そういう位置づけはずっと変わらない。

こんな外国人選手に巡り会えるのはホンマまれだけど、じゃあ数多く獲ればいいってもんではない。投手、野手含めて7人も8人も獲るってな。これは違うと思って、オレは厳選するように球団に伝えた。

外国人の獲得はホンマにギャンブル的要素が強い。実際にプレーを見ている球団の人間もいるけど、オレらはビデオを見て、最終判断を下すわけ。そのビデオっていうのが、いいところを収めたものばかり。いわゆるセールスビデオで、これに惑わされたらアカンのやけど、どうしても頼ってしまうのよね。

結局、どう転ぶか分からないギャンブルのようなものになってしまうのだが、2023年シーズン、最終的に獲得したのが野手ではシェルドン・ノイジーとヨハン・ミエセス。これもビデオで見たけど、ノイジーは広角に打てるバッターやった。ミエセスはパワーが持ち味のバッターということが分かった。

でもね、オレの考え方はこうよ。あくまで外国人はゼロベースで考える。過度な期待感は禁物。もしアテが外れたら反動が大きい。ゼロからどれくらい上積みできるか。その程度の考え方でいいのではないか。そもそも現状のメジャーリーグから、30本も40本もホームランを打てるバッターを獲れるわけがないやろ。割り切りを持って獲得にあたったほうがいいのよ。

ノイジーに関して、オレのイメージは2005年の優勝時のアンディー・シーツ。そんな感じやった。それほど大きいのは打てなくても、広角にヒットできるテクニックを持ち、マジメな性格。でもマジメ過ぎるのもな、ってな感じやった。日本のストライクゾーンに戸惑い、それが長く続いた。それでもなんとか貢献したいという熱をホンマ、感じた。

それが守りやった。レフトの守備で何度チームを救ったか。守備のうまい外国人って、あまり聞かないけど、肩も強いし、球際にも強い。本人が相当自信を持っているから、試合途中に守備固めを出すと本気で怒っているんやからな。

もうひとりのミエセス。可愛いのだ。オレは選手のことを愛称や名前で呼んだりはしないけど、ミエセスは別やった。「ミエちゃん」と呼ぶにふさわしいキャラクター。ある試合で、チャンスで代打として送り出した。すると一度もスイングせずに三振よ。オレが「なんで（バットを）振らなかったのか？」と聞くと、情けなさそうに「あんな場面で打席に立ったことがなかった。緊張して振れなかった」と告白してた。

このひと言で分かると思うけど、ミエちゃんはこれまで、ちゃんとした教えを受けてこなかったのだ。裏返せば、経験を積めば大化けする可能性を秘めている、とオレは見ているのよ。そろそろ日本の球界も外国人選手を育てる必要もあるんじゃないか。オレはそう考えている。前回の阪神監督時代、アーロム・バルディリスという若い選手がいた。オレは彼の持つポテンシャルに注目していたし、育てようによっては十分、レギュラーになれると見て、その通りの育成法、起用法を実践した。バルディリスは阪神、オリックス、ＤｅＮＡでレギュラークラスになった。日本で成長し、成功した例と言える。

ノイジーもミエセスも、球団との契約に合意して残留が決まった。1年の経験を生かせば、さらに伸びる可能性が、そらあるわな。ノイジーは、阪神が契約しなければ他球団が獲るはず。それはしゃくだし、よかったと思うわ。

二軍の選手をこの目で確認する

野村監督とのあの日に学んだわ

２０２２年のオフ、一軍監督の復帰が決まった。そこから監督としての仕事に忙殺された。やることがいっぱいある。その中にはコーチ編成があった。もちろん一軍は重要な人事だ。それとともに、オレは二軍の監督を大切に思っていた。

自分も二軍指導者経験は長かった。オリックスで現役を退き、時の監督、仰木彬さんに「いずれ阪神に戻って指導者になるんやから、うちの二軍でコーチをスタートさせれば」とありがたい配慮を受け、二軍助監督兼打撃コーチを拝命した。

これがその後、どれほど貴重な経験だったか。本当にありがたかったし、改めて二軍の存在の大きさに気づかされた。だから今回、一軍はオレで二軍はだれを監督にするのか。二軍のスタッフは球団がほとんど決めるが、監督については自分の意見を出させてもらった。

「いつまで背広を着てるんや」が要請の文句やったかな。そのとき、球団のアドバイザー的な仕事をしていた和田豊に直接、連絡を入れた。オレの2代あとに一軍監督を務めたあと、球団に入ったのだが、そろそろユニフォームを着てもいいときが来た。オレと和田は年齢も少し離れているし、さほど親密な関係ではなかったけど、平田が一軍のヘッドコーチとなり、空席になった二軍監督にはうってつけの男とオレは決めたわけよ。

二軍監督がいかに重要か。それをオレは身をもって経験している。オリックスから阪神に戻り、阪神でも二軍の助監督兼打撃コーチが初仕事となり、そのあと1999年から二軍監督を務めることになった。そら二軍でも勝つことを求める。それ以上に若い選手をいかに育てていくか。一軍に通用する選手の育成。そのためにオレは「野球」の本質を若い選手に説き、ミーティングなどに多くの時間を割いた。

ミーティングでは技術論、精神論などの話をした。若手はじっと聞き入っている。「何か質問はあるか?」と問えば、ほとんどが無言やったけど、ひとりだけ食らいついてきた選手がいた。関本賢太郎（当時は健太郎）やった。簡単なことでも疑問に思えば手を挙げて、質問してきた。こいつはうまくなる……。オレの直感やった。

それがあったからではないが、関本と同期の濱中治（2001〜05年はおさむ）をずっと二軍戦に起用した。関本は大きな体で器用な選手やった。だからそれなりの打順で打たせ、長打力のあった濱中を四番で使い続けた。選手の特徴を見守り、それを伸ばすための方策やった。

この方式は後に桜井広大を四番で使ったことにつながっていくのだが、そこに登場したのが一軍監督、野村克也さんやった。

野村さんは1999年から3年間、阪神の一軍監督を務めたが、正直に言うと二軍の試合をほとんど、いや一度も見に来たことがなかったと思う。当時、オレは二軍監督をしていたが、直接話した記憶もほとんどない。

間に入るのが一軍のヘッドコーチで「使える若手はいないか?」と連絡が来る。こちらはそれを待っていたから「関本か濱中がいいです。特に関本はどこでもこなせるタイプで状態もいい」と報告する。

するとこちらは「関本推し」なのに、返事は「濱中を上げる」。見てもいないのに、こちらの進言は用なしで、結論はそれですか。そんな複雑な心境になったことが何度もあった。

この経験がその後のオレの二軍に対する考え方に表れていると思うな。いまは便利になって、二軍戦も必ずチェックできるようになっている。でも時間が許す限り、オレは二軍を視察するようにした。黙って球場に行くわけ。球団ブースから見る。それだけで選手は高ぶるものよ。一軍の監督が来ている。ずっと試合を見ている。それだけで励みになる。オレが二軍監督時代に感じたもの。見てやることで、やる気になるわけよ。

もちろんそんなロマン的なことが目的ではなく、一軍で起用できる選手をこの目で確認するわけ。和田との話の中でも推しの選手が分かる。実際に2023年シーズン、井上広大や前川右京、投手ではルーキーの富田蓮などを一軍に上げた。まだまだ力不足で定着するまでには至らなかったけど、こういった入れ替えが、チームには必要になってくる。

育成ドラフト出身の小野寺暖も、こうして一軍に上がってきて、存在感を示したひとりよ。一軍と二軍。それは運命共同体とも言えるし、二軍には未来が見える。やっぱり一軍と二軍は風通しがよくなければ……。二軍監督を経験してきた身だから、余計にそう思うわけよね。

第三章

最善手を打つだけよ

ポイントは開幕カード

采配ズバリ？　チームがまとまったことが大きい

番記者によく聞かれることがある。「優勝へのターニングポイントとなった試合は？」とね。それでオレも考えるわけだけど、まったく心当たりがないんよね。ポイントなき優勝……という感じ。長いシーズン、必ず強烈に印象に残り、あれがあったからと呼べる試合があるはずなのに、それがない。不思議なシーズンやった。

例えば2005年。9月7日、ナゴヤドームでの中日戦がそれ。中日との競り合いの中、迎えた直接対戦で、そら無茶苦茶なゲームになった。審判の判定に納得がいかず、オレは守っていた選手をベンチに戻し、放棄試合も辞さぬ……までいっていた。球団の説得もあり再開したのはいいが、とんでもないピンチを背負い、サヨナラ負けかというところで、オレがマウンドに行き、久保田に「無茶苦茶投げろ。責任はオレが取る」。実際、あのとき、そんなことを言ったのか。オレ自身、あまり記憶にないのだが、いつの間にか、そういうふうになってしまった。

最後は中村豊の奇跡的なホームランで勝ち（延長11回、4対3）、あれで優勝に大きく前進できたし、ホンマ、節目のゲームと呼べるものやった。

でも２０２３年は？　と毎度毎度聞かれるものだから、あえて探すとやっぱり開幕カードになるのかな。3月31日からスタートしたＤｅＮＡとの開幕3連戦。ここでいいスタートを切れたのが大きかったわ。

オレは開幕戦をなんとしてでも取る、という考えはもともとない。あくまで１４３分の１という感覚なのだが、そこはそれ、負けるより勝つに越したことはない。特に２０２３年シーズンは監督復帰やし、「どんな野球になるのか？」と若い選手はいろいろと考えると思っていた。だから失敗は許されない。結果は別にして、今年1年、うちはこういう野球をやるぞ……ということを示したいと臨んだわ。

まして相手がＤｅＮＡよ。ここ数年、オレは評論家として開幕前に順位予想をしてきたけど、このチームはいつも優勝候補の一つに挙げていた。とにかく打線がいい。それが目立つけど、実は投手力が備わっている。これまで故障の選手、投手がかなりいたが、復帰すれば、力のあるチームと認めていたわ。

それが監督に復帰して、いきなりＤｅＮＡが相手よ。ここは最初にガツンといきたい。いっときたい。長いシーズンを考えても、この開幕カードは結構、意味あるものという感じがしていた。3月31日、京セラドームでの開幕戦。先発は青柳晃洋よ。調整がうまくいってなかったのか、不安もあったようだが、前年まで2年連続最多勝投手なんよ。そういうピッチャーを開幕投手に選ばんかったらアカンやろ。

青柳は6回途中で1失点。十分に役割を果たしたし、打線も要所要所で加点して、最後は逃げ切りへ……って、このときはやっぱり1年前のことがよぎったな。

2022年の開幕戦（3月25日、京セラドーム）。阪神はヤクルトと対戦し打線が打ちまくって、大量リードを奪った。ただ、そこから強烈な反撃にあう。オレは評論家でゲームを見ていた。オレの評論は阪神に厳しい、とよく言われたが、そんなことを意識しているわけではない。阪神というより、野球ファンに野球の本質を伝えたい。伝えるのが評論家の仕事と思ってきた。だから、この試合もさすがに苦言を、となった。

阪神ベンチは大量リードで、勝ちパターンではない投手を余裕でマウンドに上げたんやろな。それがヤクルト打線につかまり、大慌てしたけど後の祭り。オレは「なんで勝ちパターンの継投をしなかったのか。開幕戦で、どれだけ点差があっても、今年はこれでいく、という形を大事にしないと」と評論している。

そのまさに1年後やから、そら頭の中に「よぎった」わ。だから最後、今年の形に当然、こだわってリレーしたし、なんとか逃げ切れた。1年前の出来事を払拭できたし、この「1勝」

2023年の開幕戦ではこんな場面も。2回に2点リードし、なお無死満塁で打席に向かう青柳を呼び寄せた。「いらんことすんな」と笑顔で指示。三振した青柳が続く一番・近本の犠飛につなげた

は大きかったよね。

2戦目（4月1日）は序盤に点の取り合いになり、ポイントはセットアッパー勝負と判断した。そうそう、オレは今シーズンの勝負どころは？　と問われるたびに「ブルペン勝負」と返してきた。現代の野球は先発投手の完投、完封はまれで、球数の意識も高く、リリーフの差がモロに勝敗に現れる。だからキャンプからブルペン陣の質と量、ここの充実に時間を割いた。

それが開幕2戦目でいきなり出た。6回以降、延長12回までの7イニングを7投手で賄い、そのすべてが無失点、無四球。これはすごいことよ。ホンマ、たいしたもんやった。打線には四球を選べと求めていて、投げるほうは四球を出さないんやから。そうやね、手応え十分で、これが延長12回裏、近本のサヨナラ打に結びついた。

継投の順番とか、オレなりに考えたわけだが、それはいたってシンプルなもの。それをマスコミは「岡田マジック」とか、もてはやしてくれるけど、オレは考え得る最善手を打つ。それだけのことだと思っている。

第3戦（4月2日）。翌日のスポーツ新聞に「アレ采配ズバリ」なんて大きな見出しが躍っていた。それが8回裏の攻撃のことやと思う。その時点で2点のリード。そら1点でも追加したい状況よ。すると二死から中野が四球で出て、打席には左の島田海吏。盗塁のサインを出す。左バッターのほうが、キャッチャーも送球しにくい。

2023年の開幕第2戦、サヨナラ安打の近本を迎える

それで盗塁が決まり、相手投手が左のエドウィン・エスコバー。ストレートの速い投手で、ランナーがセカンドに行ったらと右の切り札・原口文仁を用意させていた。1球投げたあとの代打・原口……。それが次の球をホームランよ。そらそうよ。こんなん、オレのシナリオにはなかったわ。

ただ1点を取りにかかる作戦よ。ここの1点はデカい。だからタイムリーは描いていたけど、まさかホームランとは。これを采配ズバリと表現してくれていたけど、オレは普通に考えているだけ。監督に就任したときから「オレが1点を取らせる」と言っていたように、1球投げ終えたあとの原口代打は、最善の策やと考えて実践しただけのことよ。

まあこの開幕カード、それぞれに作戦を立て、それを指示したけど、投打とも決まってよかったと思っている。もし失敗していたら……。選手もいろいろと考えただろうし、成功したことで、いける、自分の役割を果たせばいいんや、という気持ちになったはず。まあ成功して3連勝だったから、こう言えるのだろうけど、チームがまとまるという意味では、ポイントになった3試合やったよね。

2023年の開幕第3戦、1球投げたあとの原口代打は「アレ采配ズバリ」と注目された

完全試合まであと2イニング

でも、オレに迷いはなかった

長い間、プロ野球の世界に携わってきたけど、ここまで激変というか、覚醒した選手は正直、覚えがないわな。だれのこと？　そんなん、分かるやろ。２０２３年の村上のことですわ。「あのとき」はさすがに論議を呼ぶとは思っていた。でもオレは気にしない。自分が下した決断よ。いずれそれが正解やった……というときが来ると信じていたからな。

4月12日の巨人戦やった。東京ドームは異様な空気に包まれていたもんな。先発した村上が、ホンマ、簡単に巨人打線を抑え込んでいく。実は村上は2年ぶりの一軍先発やった。プロ3年目、ここまで勝ち星はない。そんな村上が光って見えたのが4月1日の開幕2戦目やった。

その日は対ＤｅＮＡ戦（京セラドーム）で、先発した秋山拓巳が5回を投げ終わったところで継投に入った。その前から準備していたし、投手コーチと話し合っていた。コーチの推しもあって二番手でマウンドに送ったのが村上やった。6回の1イニングだけやったけど、1安打無失点。普通の結果やけど、内容はやっぱりキラリとしていた。持ち味のコントロールのよさを示し、危なげなく投げ切った。そこで浮上したのが次回先発のプランやった。

先発ローテーションはあらかじめ決まっているが、アクシデントがあったりして、先発が谷間になるケースというのはよくあることよ。それが4月12日の巨人戦やった。だれを先発に持っていくか。いろんな候補はいたけど、コーチとの検討の結果、村上の可能性にかけてみる。これに決めた。

予告先発だから前日には分かる。「エッ、村上?」といったファンの驚きが多かったとも聞いた。しかし、ベンチは落ち着いていたわ。あのコントロールのよさが出れば、かなりの確率で結果を出すやろう、と考えていたわけよ。

このチャンスをつかめるかどうか。そら村上もプレッシャーが相当あったと思う。もちろん、こちらは楽しみではあったけど、過度の期待はなかったし、5、6回くらいまで投げてくれれば。そんな感じやった。

ところが目の前で驚きの光景が。巨人打線が、まったくタイミングが合わずに凡打の山を築いていくではないか。こちらの打線はノイジーが4回に来日初ホームランを放った1点のみ。これがかえってよかったのかもしれん。ほどよい緊張感の中、村上は7回を「完全」で投げ終えた。

さあ、どうする。岡田よ、どうするってベンチで考えた。そこで下したのが村上の降板やった。球場全体から悲鳴に似た声が。そら、そうよ。完全試合まであと2イニング。7回を投げて、球数は84球。数字的にはまだまだ余力があったと思う。でも、オレには迷いはなかった。

とにかく村上に勝ちをつけたい。そのためにはたとえ完全試合継続であっても、ここで交代して強力なリリーフ陣に託すほうが、より勝ちにつながる……という判断やった。当然、ファンや評論家、スポーツマスコミから賛否が起きる継投やったと思う。実際、その通りやったけど、オレの耳には届いていないし、決して間違いではなかった、といまもそう考えているわ。

ローテーションの谷間で巡ってきたチャンスよ。村上も最初から飛ばしたはずやし、6回くらいからかな、リリーフでいくか……と思うようになっていた。あのまま投げていたら、そら完全試合できたかも分からん。でもな、オレは現実的なことと、これから先のことを考えたわ。もし8回以降に打たれて、負け投手になったりすれば……。それよりも村上のプロ初勝利に、より確実な方法を取った。

8回にリリーフに送った石井大智がホームランを打たれて、村上の勝利は消えた。そのあと10回に近本が勝ち越し打を放って勝ったことが大きかった。村上には勝ちはつかずにチームは勝った。でもこれは村上の勝ち星よ。村上には1勝以上の自信がついたやろうし、ホンマ、自信を持っていい内容やった。これでローテーションに入れるのを決めた。チームにとっても、村上にとっても大きなゲーム。それははっきりと言えるよね。

そこから10日後の4月22日の中日戦（バンテリン）。満を持して先発のマウンドに上がった村上は自信にあふれていた。4回まで、また完全やからね。5回に初ヒットを打たれたとき、さすがにベンチでちょっとホッとしたわ。これで逆に最後まで行く、と思ったからね。

コントロールのよさはホンマ、すごいよね。四球を出さないのやから、無駄な失点につながらない。それに球質に伸びがある。これは過去2年、二軍で磨いて、取り組んできたものなんやろな。結局、この試合、2安打10奪三振無四球の完封よ。今回は迷うことなく最後まで「ひとりで投げろ！」という感じやった。プロ初勝利を飾った。こんなこと、だれが予想できた？そら想像以上よ。だれもが想像以上やろな。

7回まで完全試合のあのとき、リリーフを送ったことが、こういう形で現れたなら、と思ってしまう。すべての責任を負う監督としての判断に非難する声が大きかったけど、決して間違いではなかったのでは？　それはよく分からないけど、村上は初勝利どころか2ケタ勝ち、最優秀防御率のタイトルも手にした。まさに覚醒か。ホンマ、よく投げたよね。

敗戦処理がいない

ブルペンが強ければ絶対に勝負になる

ファンの皆さんなら覚えているでしょう。２００５年のリーグ優勝のとき、ブルペンには最強の布陣が出番を待っていた。そうです。「ＪＦＫ」である。その年の優勝の象徴とされた３人だったが、その裏側で「ＳＨＥ」と呼ばれた３投手がいたことを忘れてはいけない。Ｓ＝桟原将司、Ｈ＝橋本健太郎、Ｅ＝江草仁貴の３人は目立たぬものの、それは大きな働きの連続だった。それでいつしかＪＦＫにならって、ＳＨＥと名付けられたのだが、彼らによって、負け展開を覆し、逆転勝ちに持ち込めた試合が多くあった。

こういう存在がブルペンの厚みを表現している。そう、オレは攻めるより、守りを重要に思う。特にブルペンは勝敗のキーになる箇所なんよ。だから、ブルペン勝負になっても、負けない投手陣を構築する。これを投手コーチと一緒に考え抜くのが、本番に入る前の作業になってきた。

SHEの働きは格別やった。JFKを投入できない展開がSHEの出番になった。リードを許し、追う展開ならSHEでいく。彼らが打ち込まれたら、ジ・エンド。負けを覚悟するけど、SHEはホンマ、粘ってくれた。相手に追加点を許さず、僅差の展開を維持。打線の反撃の機会を待ち、そして逆転……。そこからJFKの登場となるのだが、そういう展開にしたのは紛れもなくSHEの功績。そんな投手がブルペンにいると、そら監督は楽だわ。

前にも書いたが、現代野球は間違いなくブルペンがカギを握るのだ。先発投手がバンバン完封、完投となれば別だが、そういう野球はいまは通じない。投手の選手生命を考え、球数制限が生まれ、登板間隔も十分に空ける。年々、完投数が減る球界にとって、ほかのチームとの差別化を図るのは、そらブルペンになるわね。ここが強ければ、絶対に勝負になる。この思い、考えは2005年から18年たって、ますます強くなっていた。だから投手コーチを安藤と久保田に任せた。

2人は先発、リリーフを経験してきてコーチに就任。投手のコンディショニングに精通しているし、リリーフ陣の悲哀を知るコーチよ。ブルペンのメンバーはどんどん充実していった。特筆すべきは右投手と左投手の割合で、左腕のリリーバーが豊富になった。岩貞祐太、桐敷拓馬、島本浩也、及川雅貴、富田蓮。そしてクローザーの岩崎優。これほどの左腕のセットアッパーが待機しているチームはないんやないかな。それもみんな、力があるんよ。

長いシーズン、もう勝ち目はないといった大敗の展開があるわけで、そうなったとき、監督は経験の浅い若い投手などをマウンドに送る。これを俗に「敗戦処理」と呼ぶのだが、2023年のうちには敗戦処理がいなかったわけよ。みんなが力、能力が高いものだから、敗戦処理なんて、もったいないわけ。

ブルペンの力を見せつけたゲームがあった。それが5月3日の中日戦（甲子園）やった。この試合、先発した西勇輝が2回に打ち込まれ、いきなり6点を奪われた。1イニング6失点。まあ普通に考えれば、完全な負けパターンやけど、そこからがブルペンの力の見せどころになった。

3回から富田、ジェレミー・ビーズリー、石井、岩貞、カイル・ケラーにつなぎ、失点を防いで打線の反撃を待った。その結果、9回裏に木浪のサヨナラ打が出て勝ったのよ。こういう試合ができるのは、チームの強さを如実に表しているとオレはますます手応えを感じることになるのだ。

特に夏以降にブルペンに組み入れた桐敷の大成長には驚きもあった。実は夏場のフレッシュオールスターでリリーフでマウンドに上がっていた桐敷をテレビでオレは見ていたのだが、それはホンマ、素晴らしいピッチングやった。すぐにコーチに言って一軍に上げ、ブルペンの中に入れるようにした。リリーフとしての適性というのかな、それが十分に感じられた。まずコ

ブルペンのメンバーはどんどん充実していった。リーグ優勝を決めた夜、桐敷ら投手陣に笑顔で声を掛ける

ントロールで苦しむことはない。ストレート、変化球もキレがあり、三振を取れるピッチャーということは分かっていた。以降、オレは桐敷を「スペードのエース」と呼ぶんやけど、目を見張る成長には驚くばかりよね。

これから先も球界のブルペン重視の流れは変わらない。どこのチームもブルペン強化を進めていくだろうけど、うちのブルペンは力に加えて、２０２３年に得た経験値がこれから先も生きると思っている。

普通にやればいい
あの円陣にはびっくりしたけどな

2023年、最も発した言葉は「普通にやればいい」やったと思う。ホンマ、普通に……と口にした自覚はある。

そもそもペナントレースは長い。143試合で優勝を争うわけだが、そのためには、どんな心持ちが必要なのか。そこでオレはずっと「いかに普通に戦えるか」を訴えてきた。だが、それは簡単なことではない。普通に戦う難しさ。それが分かるだけに、選手には無理難題を押しつけているか、結構、考えもしたよね。

143試合は長丁場であり、ペナントレースを平坦に戦えることはまずない。どこかで山あり、そして谷あり。こういうことの繰り返しで過ごす半年、ほぼ6カ月になる。それが2023年シーズンはその山や谷が極めて少なかった。開幕（3月31日）からうまくスタートを切り、そこからずっと勝率5割を保った。なかなか順調な出だしやと思った。いつも気になるのは他球団のことではない。自分たちがどう進んでいるのか。その目安になるのが勝率5割。オレは「借金」しなければ、優勝争いはできると思っている。

4月、5月と計算通りというのかな。貯金ができて、連勝はあるけど、大きな連敗はない。こんなシーズン、珍しいとその頃から感じていたよ。そして交流戦を迎えるのだが、大きかったゲームが6月4日のロッテ戦（甲子園）やった。ロッテの先発は佐々木朗希よ。そらなかなか打てんやろって、覚悟はしていたけど、案の定、5回までノーヒットやった。

そこで6回にコーチの今岡真訪（2016年までは誠）が円陣を組ませたんよ。2023年の初めての円陣。びっくりしたわ。ミーティング通りで、と言ってたんかな。オレは実は円陣があまり好きではない。相手に普通でないことを知らせているようなものやからな。

それでもこのときは6回裏、中野が四球で出て、盗塁を決め、四番・大山がタイムリー。たったヒット1本で先制したのよ。円陣の効果がいいほうに出たわな。佐々木をなんとか崩して、投げ合った才木浩人が完封勝利や。この1勝はホンマ、価値があったと思う。あの佐々木からの1勝やから、選手も自信がついたはず。それも地に足をつけ、普通の精神状態で挑んだからに他ならない。これで「普通」の重要性をみんな、認識したんやないかな。

そのあとDeNA、広島が追いかけてきて、6月終わりや7月終わりに首位から落ちたことがあった。それでもオレは普通やったよ。織り込み済みとまでは言わないけど、こういうこともある。ジタバタする必要なし。ところが周囲のうるさいこと。トラ番がしつこく首位陥落のことを聞いてきて、さすがに頭にきてね。東京からの帰りの新幹線に向かう際、道順を変えて、番記者をまいてやった。「勝負は9月からや」と言い続けているのに……。まあオレなりの抵抗というのか、道順を変えて静かにできたので、気持ちはスッと楽になった。

その頃からかな。「普通にいこう。普通に戦えばいいから」とコーチを通じて、選手にメッセージを送ったわけ。どうしてもギリギリで試合に臨めば、余計な力みが入って、いいパフォーマンスができないもの。リラックスというのかな。力を抜いて、普段通りに向き合えば、必ず結果が出る。選手もそれを理解し、うまくメンタル・コントロールができていたように見えた。これも成長なんよ。チームとしての成長、これがオレには頼もしかった。

ペナントレースの山場は9月、そして10月に訪れる。過去のオレの経験値から分かるもので、そこからは自然と普通に戦えない気持ちの高ぶりが出るもの。それを分かったうえで、オレはベンチで動かず見守ったら、勝負の9月に入るや、負けないのよ。勝負の9月、苦しむどころか、負けない強さが宿った。マジックナンバーがドンドン減って、さすがに戸惑った。想定以上のスピードで「アレ」に進んでいく。過去の経験から、必ず足踏みしたり、停滞したりと産みの苦しみが出るものと思ったが、このチームにはそれは無用な心配だった。

9月に入り、負けないで優勝。9月14日の胴上げは、早過ぎる決定となったわね。まあ、それも選手の驚異的な成長があったからよ。9月にここまで強くなったチーム、オレははっきり言うて知らない。気持ちのコントロールができて、いつもの状態で試合に入り、いつものように勝ってしまう。これを見て、この強さは底なしよと感じたわ。

選手の生活を守れ

個々の数字を頭の中に入れて戦う

チームを勝たせること。監督の仕事、責務はここに尽きるのだが、それだけではない。オレが監督になってから、常に心掛けているのは「選手の給料を上げてやる」こと。それも監督の仕事のうちやと思ってきたわ。

選手は要するに個人事業主であり、みんなが生活を豊かにするために、頑張っている。そこにフォーカスすれば、やり方は見えてくる。例えば2023年シーズン、注目されたのが四球の数やった。前々から感じていたんやけど、阪神の選手はボール球を振って、凡打するケースが非常に目立った。これはなんとかせんといかん。そこで考えた。四球の評価をわずかでも上げてやれば、選手の意識は変わるのではないか。

開幕直前。オレは動いた。球団との交渉で査定の見直しを求めた。四球も少しでいいからポイントを上げてくれ、と直談判。球団は応じてくれて、四球＝貢献度アップの公式が出来上がった。

これは四球が飛躍的に増えた頃から、マスコミで裏話として取り上げられた。わずかな目配り、気配りで選手の意識は格段に変わる。リーグ最多の四球数には、このような背景があったのだが、大山は四球を最も取れる選手となり、最高出塁率につながったと言える。

選手の給料を上げるための、監督ができる方法やったと思う。選手の待遇をよくするため、オレはチェックを欠かさなかった。このバッターは規定打席まであとナンボ？　とか、この投手は規定投球回に達するように、とか、計算してやる。個々の数字、データをチェックし、頭の中にインプットした。これは監督になって、いつも心掛けていたもので、2023年もそれを続けた。

先発の柱的存在の伊藤将は意外や意外、規定投球回に達したことがなかった。2023年で3年目、軸として投げてきて、やっぱり規定投球回はクリアしたいだろうし、こちらもさせるように、いろいろと考えるわけよ。

打者の規定打席、投手の規定投球回は、レギュラーとして戦った証しとも言える数字だし、これをクリアして、やっと一人前……と認められる。それほど重要で、クリアすれば球団の評価、査定も変わるし、給料（年俸）を上げる材料になる。オレはローテーションを逆算して、伊藤将の規定投球回クリアを後押ししたわ。入団3年目、初の規定投球回の達成。これはこののち、大きな自信になるだろうし、給料もそら上がるやろ。

同様に2023年はタイトルホルダーが多く出た。主要部門ではなかったけど、大山の最高出塁率、中野の最多安打、近本の最多盗塁。投手では村上の最優秀防御率、岩崎の最多セーブ。これらはホンマ、立派な数字やった。大竹も勝率第一位をわずかなところで逃したが、それに向けて、バックアップしたつもりよ。

タイトルのチャンスって、そうそうあるものではない。それだけに目指せばいいし、ベンチもバックアップするわけよ。この例は結構、有名になっているようだが、前回監督の2007年シーズンで藤川球児にセーブ王のチャンスがあった。ご存じのようにセーブというのは、いろいろなシチュエーションによって生まれるのだが、3位でCS出場を決めたあとの10月3日の最終戦（対ヤクルト、神宮）、9回表で3点リードしていた。その回、投手に打順が回り、当然、代打を出す。走者がいてヒットが出れば、差は4点になる。そうなればセーブがつかない。そこでどうしたか。代打の小宮山慎二を呼んで「打つな。三振してこい」と伝えた。

代打に打て、結果を出せ……とは言うけど、打つな、三振してこいは初めてやった。それで3点差のまま9回裏、球児がマウンドに。セーブがついて、またタイトルに近づいた、という経験があった（同年藤川はタイトル獲得）。そうなると、三振してこいと出された代打の立場は、となるけど、そら球団の査定担当に事情を説明。マイナスポイントではなく、配慮しておいてくれ、と言うといいた。

対象になる選手は、やはり背中を押してやるというのかな。チームとしてバックアップして、それが給料の上昇につながり、さらなるやる気につながるわけですわ。

だから監督の仕事の中には給料を上げるような采配と目配りが必要なんよね。こういう考え方がチームの中にベースとしてあれば、チームは強くなるよね。

吉田さんと仰木さん

「阪神監督がお前の運命」と言うてくれてな

リーグ優勝を果たし、2人の先輩のことを思い出した。いわば恩人と呼べる存在。それは吉田義男さんと仰木彬さんである。

オレは親父の関係で、小さい頃、村山実さんに可愛がってもらった。当時、タイガースの中には「村山派」と「吉田派」があったと聞いたことがある。その周囲も両派に色分けされ、親父は間違いなく村山派。その影響もあって、村山さんが現役を引退するとき、最後の登板の前、キャッチボールの相手になったのがオレやった。

だから吉田さんとは意外と関係は薄かった。それがどうして恩人と考えるようになったのか。やはり1985年のことに起因している。このシーズン、吉田さんが監督にカムバックした。前にも書いたが、その前年、オレは足の故障で満足なプレーができていなかった。内野でなく外野を守り、悶々《もんもん》とした日々を送っていた。するとコーチだった一枝修平さんから吉田さんの方針を告げられた。二塁へのコンバートやった。それによって真弓さんがライトに。オレと平田の二遊間コンビが生まれることになった。

そこが大きな転機やったと自覚している。オレは選手会長になり、吉田さんは「一丸」という言葉でチームを鼓舞した。一蓮托生内閣《いちれんたくしょう》としてスタッフを強固にし、常に強気の姿勢を崩さなかった。

まず学んだのが「攻めの守り」やった。どうしても受けに回る守備だが、吉田さんは「攻めろ」と口酸っぱく唱えてきた。守りでの一歩。前に出るか、受けに回って無難に処理するのか。この違いの大きさを選手に理解させた。

選手会長として、直接、監督に直訴することもあった。当時は打力のチームで、投手力が弱かった。負けが続いたとき、選手だけが集まり、ミーティングを開いた。掛布さん、真弓さんらの意見を集約し、いっそ、いつも後ろを投げている3人が初回から3イニングずつ投げては……といった意見が出た。福間納さん、山本和行さん、中西清起の3投手だが、それをチームの総意として、オレは監督に要望した。

結果？　そら却下よ。「それはできん」と吉田さんは拒否。幻に終わったプランだったが、チームとしてひとつになったような気がしたものよ。それがまとまりになって、リーグ優勝、日本一につながっていくのだが、やはり吉田さんのブレのない方針が導いてくれた。そう感じる1985年やったし、監督という立場の重みを自然に教えてもらったわけです。

そこをピークにチームは一気に下降線をたどることになる。そう、暗黒時代に入るのだが、オレはそこで戦力外の通告を受けた。現役を終えるか、それとも新天地を目指すか。難しい選択となったが、ここで声を掛けてくれたのが仰木さんやった。悩みの中にいたとき、連絡してもらった。「どうや、うちで燃えつきてみないか」。オリックスの監督からのありがたい誘いだった。オレは決めた。オリックスへの移籍。新しい世界に飛び込んだ。

仰木さんは豪快な監督だった。お酒を飲み、グラウンドで走ってアルコールを抜く。そんなイメージ通りの人だったけど、野球は実に緻密だった。日替わりのオーダーを組むのも、ひらめきで決めるのではない。仰木さんは膨大な資料を持ち、それを調べる姿を何度も見た。仰木マジックはデータに裏打ちされたもの。それを決して明かさずに、打順を決めたり、投手のローテーションを決定したりしていった。ゲームに入れば、資料は見ない。すでに頭の中に入っているのだ。柔軟でありながら、根拠のある試合運び。これはホンマ、勉強になったし、監督という立場の大変さを教えてもらった。

当時のオリックスでは二軍でのコーチ、助監督を経験させてもらった。そして、こう言ってもらった。「岡田よ、そろそろ阪神に戻っていいんやないか。そこから監督を目指せ。それがお前の運命なんやから」と。時を同じくして、阪神からも誘いをいただいた。三度目の監督を務めていた吉田さんからも同じことを告げられた。

　初めてのパ・リーグの経験は貴重やった。「がんばろう神戸」で、優勝を経験させてもらったし、セとパの野球の違いを知ることができた。それに導いてくれたのが仰木さんであり、吉田さんやった。

　仰木さんは天国に召された。感謝してもし切れないほど、お世話になった。監督としての基本的な考え方を学び、オレに指針を与えてくれた。だから今回の日本一を、きっと喜んでくれていると思う。

　吉田さんとはいまも深いお付き合いがある。１９８５年の日本一の経験値は、オレの中で生き続けているし、それに導いてくれたのは、吉田さん。いまもたまにグラウンドで励ましを受けている。岡田彰布の監督としての恩人に、ようやくいい報告ができた、と思っている。

阪神の監督とは
しんどい仕事やからこそ、やりがいがある

2023年のオフ、セ・リーグ、パ・リーグともに「監督交代」があった。巨人では原が辞任し、阿部新監督に。ソフトバンクは小久保裕紀監督、楽天は今江敏晃監督……。これでまた監督の平均年齢が下がった。もし「監督適齢期」というのがあるなら、それは40歳台から50歳台。そういうトレンドに入っている。

原が辞めたことで、60歳台の監督はオレひとりになった。球界の若返りにあらがうように、オレは2023年11月（25日生まれ）で66歳。球界最高齢監督を維持している。

「阪神の監督って、特別に苦労するのではないか？」といつも聞かれる。

プロ球界の監督は12人しかいない。政権内閣の閣僚より、はるかに少ない人数なのだが、どの監督も、そらチームを勝たせるためにしんどい目をしているわ。

その中での阪神タイガースなんやけど、他球団からここの監督になった人は、よくボヤいて

いたな。野村さんは常にブツブツ言っていた。「ここ（阪神）の監督になって、マスコミの怖さが分かった。まるで敵のようや」と、阪神の特殊性を表していたのを思い出す。

星野さんもそうやったわ。同じセ・リーグの中日で監督をしているのに「阪神の監督は別物や。巨人より大変なポジションということが、よく分かった」と、オレは打ち明けられたことがあった。

それは注目度の違いなのだろうか。阪神を取り巻く環境の違いなのだろうか。いろんなことを考えるけど、オレは阪神で育ってきたから、まったく違和感がないし、「免役力」が自然に身についていたかもしれない。選手の時代。試合で活躍すれば「神様」のような扱いを受けるわけ。スポーツ新聞には一面で大きく扱われる。

だが逆の結果なら、まさに手の平返しよ。「戦犯」のように扱われ、そら無茶苦茶な扱いに転落する。これが阪神の日常であって、それを何十年も経験してきたら、さすがに慣れもするんやろな。

野村さんも星野さんも「阪神は疲れる。ここの監督をしたら、疲れる」とこぼしていたが、オレはそれを二度経験することになった。前回の監督初年度は46歳。まだまだ若いときやった。いまで言う監督適齢期の真っただ中。気力も体力も充実していたわ。２００５年にリーグ優勝して、そのあと日本シリーズでロッテに4連敗。そらがっくりはきたけど、それを糧にして、さあ次や、と考えることができた。

それが1年、2年、3年と過ぎ、知らず知らず、うまくいかないときのイライラがたまっていったのかな。２００８年10月４日、２対２で引き分けに終わった神宮球場でのヤクルト戦。試合後に三塁側スタンドの前を歩いてバスに向かうのだが、スタンドからファンが「球児（藤川）をつぶす気か！」「お前は選手に信頼されてないんだよ！」。聞くに堪えないヤジに、オレの怒りは沸点に達した。「だれに向かって言うてるんや！　こっちに来い！」と怒鳴ってしまい、その場が騒然となった。

こんなこと、慣れているはずなのに、阪神の監督なら、いつものことのはずが、やっぱり相当たまっていたんやろね。特にひどかったのがこの２００８年。巨人に逆転されて優勝を逃したシーズン終盤。遠征先のホテルで、横になっても眠れない。食欲もない。最悪の状態に陥った。

球団関係者が何か口にしたほうがいいですから、と部屋におにぎりを運んでくれるのだが、それを食べたら、途端に気持ち悪くなって、リバースよ。こんな姿、球団の人間に見せたくなかったし、オレはタオルで戻したものを自分でふき取るのよね。ホンマ、情けなかった……。

監督は激務とされる。特に阪神は「超激務」（星野さん）。それでも今回、監督復帰を要請され、受けた時点でオレは覚悟ができていた。しんどい仕事やからこそ、やりがいがある。何よりオレは人生のキャリアを積んできた。46歳のときとは違う。あれから20年近くも経た。肉体的、体力的には衰えていても、気持ち的には、焦りもなく、かなり余裕を持って監督に向き合える。そう感じていたのよね。

監督の立場とははっきりしている。今回もそうだが、まず勝たせることが大前提にある。そのための方策を自分なりに分析し、具現化していく。さらに若い選手の育成も並行して行わねばならない。球界の永遠のテーマだが、監督はそれを担わなければならない。

そして出た結果に対して、生まれるのが「責任」なんやろな。監督とは責任をいつも胸にしまい、結果を求める。阪神ファンの熱、そして圧は年々、恐ろしいくらいに膨らんでいく。

それをしんどい……と思うのではなく、ありがたいと思える66歳……。オレもだんだんと枯れてきたかな、って感じなんですよ。

後継者を育てる

オレの目標で、監督としての使命や

長いブランクがありながら、監督を要請された。なぜオレに……と考えれば、答えはすぐに出る。ズバリ2005年以来のリーグ優勝、それしかない。本社、球団の首脳と話し合って、その思いが本当に強いことが分かった。ビシビシと伝わってくるというかね。

前年までのタイガースの戦いを見てきて、2023年は優勝できる戦力にあると思っていた。それでも「絶対優勝する！」とは決して口にしなかった。自信がないわけではない。かなりの確率で……という気持ちでいたけど、軽々しく優勝と言えるほど、たやすいものではない。それはオレ自身がわきまえていることよ。

ただオレに求められているのは、それだけではない。グラウンドで戦いながら、若いスタッフの育成というのかな。ぶっちゃけ、のちに阪神の監督、コーチになり得る若い世代、それもOBから、そういう人材を育ててくれ。そんな考えが本社、球団フロントの共通認識やと理解

したな。優勝を目指しながら、将来を見据えた方針……。オレはオレなりに、今回の監督での「使命」を胸に刻んだ。

２０２３年10月25日、ＯＢの上本博紀が来季からコーチになる、との発表があった。その前に上本に連絡して「ユニフォームを着て、一緒に頑張ろうや」と伝えた。上本とは年齢が違い過ぎて、現場での接点はなかった。ただ早大の後輩で、引退後には球団管轄の仕事に就いていた。いろいろな事情で、２０２３年はスタッフに入れなかったが、オレなりに気にはなっていた。担当は、二軍野手コーチに決まった。ＯＢによるチームづくりのスタートと言えるかもしれない。

オレは何度も言うけど、２０２３年11月25日で66歳や。阪神との契約がどうなるのかは、まだ分からないけど、そう長くは監督を務められないと考えている。その間に課せられた使命……。実はそれは２０２２年のオフから始まっていたのよね。コーチ陣をどうするか、と球団と話を進めた。ヘッドコーチは平田。これが決まり、さあ打撃コーチだ。意中の男がいたわけよ。それが今岡真訪よ。

オレが二軍監督のときからの付き合いになる。２００３年に一番を、２００５年には五番を打って、それぞれ優勝に大きく貢献した。その後はロッテに移り、引退後、コーチを経験。なかなか苦労したとも聞いていた。

2022年のオフは評論家をしていて、オレはすぐに今岡に連絡を入れた。監督になること。ついてはコーチをやってくれ。それも打撃コーチで……となったのだが、諸事情で即断には至らず。それでもよく考えて、返事をくれと伝えた。

オレは期限を切らなかった。すべてをクリアにしてからでいい。極端な話、年を越して、来年の1月でも、オレは待つからと。今岡はいわばOBの代表格のような男やろ。阪神のOBとして、いずれチームを背負い、中枢にいるべき人間。そういう人は、まだまだ在野にいるからね。ファンにはよく聞かれる。「鳥谷は来年、コーチになるんですか?」「(藤川)球児はどうですか?」。今岡の次に名前が出るビッグ2。そら人事のことやし、本人たちの事情もある。ただね、願うのは今岡を含め、彼らのような若い世代のOBがタイガースのユニフォームを着て、指導者に、というのがベストな形なんやろうと思う。

2023年の投手コーチは安藤と久保田だったけど、2人はホンマ、いいコーチになっているわ。2005年、安藤は先発。久保田はJFKの一翼を担った。そういう経験をして、選手の気持ちが分かるというのかな。それが先発陣の充実、強力ブルペンの構築に結びついていると見ているわけ。

監督として試合の中で、最も重要なのが継投機の判断だろう。もちろん最終的には監督の責任になるのだが、そこにいくまでには、コーチの見方も必要になってくる。だからオレの性格を分かり、2005年の喜び、苦しみを味わった2人を二軍から上げて、一軍で力を発揮してもらったのだ。

阪神は伝統のある球団だし、巨人と常に比較されるチームよ。その伝統を守り、OBたちによって常勝チームにしていく。それがオレの目標であり、監督としての使命やと定めている。今後どんな人事があるかは分からないが、OBを登用していくという基本路線は変わらない。

Hitz日立造船
大阪学院大学

第四章

幸せよ、そらそうよ

CSの重圧

負けたら、そらしゃれにならんぞ

日本一への最大のハードルはCSやった。CS、すなわちクライマックスシリーズで、リーグ優勝のチームはファイナルステージから。そのCSに弱い……とオレのイメージはつくられていた。このCS制度がセ・リーグに導入されたのが2007年からで、その年は中日に2連敗で敗退。翌年の2008年も中日と戦い、1勝2敗で敗れた。3戦目、最後に藤川球児がタイロン・ウッズに決勝弾を打たれて、オレはそのシーズン限りで、監督を辞めた。

「お前で最後、終われてよかった」と球児に告げたことを思い出すけど、そもそもオレはCS制度に反対と言い続けてきた。集客、興行的理由から生まれた制度だが、ペナントレースを制したチームを軽んじているように、オレには思える。リーグ優勝してもCSで負ければ、日本シリーズに出られない。これがどうもしっくりこないのよ。

でも制度は制度や。従うべきものとして、2023年は大きなプレッシャーを感じながら、挑むことになった。阪神は2位に11・5ゲームの差をつけてリーグ優勝した。これでCSで負けたら、そらしゃれにならんぞって、感じやった。

相手はどっちだ？　広島か、それともDeNAか。マスコミはこんな論調やった。「阪神としては広島のほうが戦いやすい。DeNAが出てくれば苦戦必至」と。いやはや、好きに書いてくれるな。この段階ではもうオレは腹をくくっていた。どっちでもいい。優勝チームらしい戦いにする。それには3連勝（アドバンテージの1勝が加わる）。だから一気に勝ち切り、強さを示してやる。それしかなかったわ。

結果、相手が決まった。広島カープか。新監督を迎え、確かに勢いがある相手よ。新井貴浩監督もいろいろとやってきそうな空気を出していた。阪神の監督と選手として、ともに戦ったのは2008年のこと。その新井とこうやってぶつかるのも、なんか因縁を感じるし。

ただ心配だったのがスケジュールの問題やった。阪神がリーグ優勝を決めたのが9月14日。CSの初戦は10月18日で、間隔が長く空いた。相手はそれまでにファーストステージを戦うなどして、実戦を積むけど、こちらはそれができない。実戦の感覚を戻す難しさ、これを懸念していた。

オレは「王道」の野球を貫こうと決めた。広島がどう仕掛けてこようとも、まず先発投手を10勝トリオに託すことにした。第1戦から村上、伊藤将、大竹の順でいくと決めた。奇襲はない。ここまで勝ってきた形を崩さずに広島を迎え撃つ。これが最良の方法と信じた。

10月18日の第1戦。相手の先発、九里亜蓮の出来はよかった。先制点を広島に与えた。ちょっと嫌な展開……と頭をよぎった直後、森下の同点ホームランが出た。すぐに同点にした大きな一発。これで流れを呼び込んだ。5回にはチャンスで村上の打席。オレは迷わず「打て」のサインを出す。するとホンマにいいところに打ちよった。一塁線を破るタイムリー二塁打。それも死球から始まったチャンスよ。シーズン中と同じような得点パターンで、同じように打線がつながり勝ち越し。村上は6回を1失点。あとは継投で逃げ切りと、まさしく型通りに初戦をモノにした。

やっぱり地の利は大きい。改めて感じたよね。甲子園の雰囲気はホンマ、異様やったし、広島はかなりプレッシャーを感じていただろうな。勝負事には、地の利は絶対に存在する。それが如実に出た初戦。これで「いける」とオレは感じ、選手も自信をみなぎらせていた。

2戦目、1対1の同点でのしのぎ合い。こういう展開もうちの得意パターンだ。伊藤将が7回まで投げ、そこからは小刻みな継投で守り切り、9回裏、「恐怖の八番」が決めてくれた。広島のクローザー栗林良吏から木浪がサヨナラヒットよ。満塁で勝負強くはじき返す。シーズン中、何度も見た光景やった。それも四球を絡めてのサヨナラ勝ちよ。木浪の前を打つ坂本は四球を選んで「任せた」と、木浪に合図を送ってたわ。選手は「普通」に戦って、自分の役割を果たした。ホンマ、成長したよな……と実感できた幕切れやった。

そして3戦目。先発した大竹は5回を2失点。そこからブルペンの強さを存分に示してくれた。桐敷、岩貞、石井、島本、そして岩崎……。こういう展開に持ち込めば、負けることはない。1年を通してつくり上げてきた「ブルペン勝負」という切り札は、ホンマ、輝いて見えたよね。

少し心配していた打線は本調子ではなかったけど、要所でつながり、この試合も坂本、木浪の下位打線絡みで得点できた。どこからでも得点できる攻撃……。これで3連勝。アドバンテージの1勝でCS突破！　正直、ホッとした。前に書いたけど、これで負けたらしゃれにならんの重圧は相当やった。

3戦とも紙一重だったし、新井も手を打って、な。まあ、今回は意地でも勝つと腹をくっていたから、ホンマ、よかったわ。

これで日本シリーズよ。パはオリックス。リーグ優勝したチーム同士、それもぶっち切って優勝した2チームや。こうあるべき姿の日本シリーズになった。59年ぶりの関西ダービーも注目してもらえるやろな。似た者同士の激突。最高のシリーズにしたい……。そして38年ぶりのタイガース日本一へ。燃える材料ばかりに、オレは興奮していたわ。

球界NO・1投手の攻略

［日本シリーズ第1戦〇8―0］

オレは「動く」ことで糸口を探した

自宅を出て、車で京セラドーム大阪に向かう。運転しながら、いろいろなことを考える。こんなことが、ここ何日も続いている。

オリックスか……。とにかく強い。リーグ3連覇。2022年は日本一になっている。特徴は？　そうよ、阪神と似たチームよ。投手力の強さを前面に出し、攻撃につなげる。オーダーは日々、変えてくる。そこは違う。阪神は固定して臨む。この違いも勝負のポイントになるかもしれない。

中嶋聡監督は、かつてオリックス時代のチームメート。知らぬ仲ではない。捕手出身だし、豊富な戦い方を知る監督……。こうなればベンチワークの勝負になるかも。なんてことを考えていたら、いつの間にか球場に着いていた。

10月28日、59年ぶりの関西ダービーとなった日本シリーズの初戦。すでに覚悟はできていたし、選手を信じて、作戦を練るだけやった。この日を迎える数日前から、マスコミは盛んに相手先発の山本由伸攻略法を取材してくる。根底には「山本はすごい。攻略は難しいのでは」という見方が支配していた。

オレはそういう流れが嫌だった。対戦する前から白旗をあげることなどあり得ない。そら山本は球界NO・1の投手やと認めるわ。でも、どこかに攻略の突破口があるはず。それをビデオ、スコアラーからのデータ、そして、実際に見てから感じる感覚を駆使して、対戦するわけよ。

オレはまず「動く」ことによって、糸口を探そうと思った。ゲームが始まり、1回表、一死から中野がヒットで出た。そして森下の打席。中野を走らせた。盗塁だったが、森下は見逃し三振、中野は盗塁死……。実らなかったが、これがのちに効いてくる……と考えていた。

先発した村上が山本と互角に渡り合い、迎えた5回表やった。この回先頭の佐藤輝が難しい球を打ち返して出塁した。「ここや!」とオレは勝負に出た。佐藤輝にスチールのサインを出す。相手は1回に中野をアウトにしている。足の速い中野がアウトになったことで、仕掛けてこないと考えていたはず。狙いはそこやった。

佐藤輝は初球から走った。佐藤は1球目からでも走れるんよ。オリックスの守りが少し乱れた。盗塁成功で無死二塁。ここで打席のノイジーにサインを送る。「進塁打」のサインよ。2023年シーズン、ノイジーにこのサインは初めてのことやった。

2023年日本シリーズ第1戦。0対0で迎えた5回表、先頭の佐藤輝がヒットを放つと、
次打者ノイジーの初球で二盗に成功。これが流れを引き寄せた

ノイジーは忠実に、基本通りの右打ちで佐藤輝を三塁に進めた。ここで指名打者で起用した渡邉諒がしぶとくセンターの前に落とした。タイムリーで1点先制。オレはベンチで流れが来たことをつかんだ。ここから一気に攻め立てる。

この日のオリックスバッテリーは、ストレートを低めに集め、高めはほとんどなかった。だからバッターに指示した。「狙いは低めのストレート」。打撃陣は狙い通りに攻めた。

相手が素晴らしい投手だからこそ、どこかに隙はないかと探る。こういう駆け引きも野球の面白さ。結局、5回に4点、6回に3点。山本から7点を奪うことができた。対照的に村上は7回を2安打無失点。まさに快勝で、会心のゲームやった。

シリーズの初戦を取ることとの意味。これはでかい。選手も落ち着いて2戦目以降に向かえるし、絶対的エースからの勝ちだけに、そら自信になるわね。

打線でポイントになると考えていた一、二番が初戦から機能した。近本が3安打、中野も3安打……。レギュラーシーズンと同じような働きで、ホンマ、安心した。彼らが打って出て、動きが出れば、阪神ペースに持ち込める。これをいきなり体現してみせた。こうなればベンチは楽よ。あとはどうやって得点につなげていくか。それを考えるだけ。まずは流れをつかんだ。相手エースを攻略し、相手の本拠地で快勝。これで十分に戦っていける。チームとしてつかんだ手応えは十分やったもんね。

そもそも1、2戦は五分で御の字と考えてスタートしたわけ。そら連勝すればさらに楽になるけど、1勝1敗なら、それで十分の想定よ。それだけに最初に勝ちを取ったことで、チームに余裕が生まれる。それもいい意味の余裕よ。中身もこちらから仕掛けての結果やしね。

2005年の日本シリーズはロッテ相手に4連敗。だから監督としてシリーズ初勝利になったわけ。負けるときは簡単だけど、ひとつ勝つのはホンマ難しい。それを実感しながら、もう頭は2戦目に向いていた。「宮城（大弥）をどう攻めるか？」。第2戦はこの一点に絞られると考えていた。

大事な日本シリーズ初戦に先発した村上は、山本由とのエース対決を制してみせた

しぶとく食らいつく打撃を見せて、日本シリーズ第1戦で猛打賞を記録した中野

ミスからワンサイドで敗戦［日本シリーズ第2戦●0―8］

こういう結果は切り替えやすいのよ

こんな展開、だれが予想できる？　第1戦のことよ。まあ、うちが勝ったんやけど、スコアが8対0ってな。山本が投げて、この結果よ。野球は何が起きるか分からん。多くの評論家、ファンの間では、絶対にロースコアの決着になると予想されていた。それが崩れた。それも大きく違った。

2戦目も、予想は僅差の競り合い。そういう予想が多かった。オリックスが宮城で、阪神は西勇の先発。オリックスはまったくの予定通りだが、西勇は意外という声も出ていた。決めた理由？　これはかなり前に決めていた。2023年シーズン、中盤まで西勇らしいピッチングができずに苦しんでいたけど、終盤に入ってうまく修正。コントロールのよさが戻り、投球術も加わって安定した。

それに元いたチームやし、ある程度は抑えてくれると思って先発させたわけよ。

ところが……って、まさか前日の逆の展開になるとは。ここに誤算があったわな。西勇の自滅と言える失点が重なった。3回裏に先制されるのだが、これは走者を置いて、けん制悪送球からのもの。さらに4回裏。二死からの四球が原因となった3失点やった。

こういう短期決戦、ましてや重要な戦いで怖いのが「ミス」なわけ。シーズン中、阪神は相手のミスにつけこんで得点するという得意の形があった。四球を多く取る。相手のエラーなどミスを生かして攻めたケースが非常に多かった。相手のダメージは相当やし、逆にこれをやったら、痛い目にあうということも分かっていた。

それを西勇が、な。もっと慎重になっていたら、防げた失点やと思うし、相手に隙を見せてしまったわな。攻撃でもそうよ。立ち上がりの宮城は、不安定なところもあり、崩せる余地があった。それなのに、キーになる打席で役目を果たせなかったのが、森下やった。1回表、一死一塁で簡単にフライを打つ。これは意味がない。どうしてゴロを打つという意識にならなかったのか。4回もそう。無死一塁の同点のチャンスで森下はショートへの併殺打。直後に連打があっただけに、簡単にゲッツーになったのが大きく響いたわな。

ここから宮城が本来のピッチングを取り戻し、5回以降はノーヒットよ。これでワンサイドになると覚悟したわ。でも、まさか2戦目も0対8とは……。初戦と真逆の展開に、エッという感じになったし、2試合とも想定した展開とは大外れ。

まあ、こういうスコア、結果になると、切り替えやすいのよ。あとに尾を引くことはなく、割り切れる敗戦と思った。選手もサバサバしていたし、影響はないと分かっていた。最初に想定した敵地での2戦を1勝1敗。相手が二枚看板での五分の成績なら、まあ悪くない。オレ自身、ホンマに気分的に楽になってたわ。

2005年のロッテとのシリーズを思い出していた。相手の本拠地で無茶苦茶打ちのめされての連敗。まったくいいところがなくて、ホンマにぐさりと刺さる連敗となり、この流れを結局、反転させることはできなかった。あのときとはまったく違う敵地での2試合。3戦目からは本拠地・甲子園よ。状況は変わり、必ず自分たちのペースで戦えると思えたからね。

ミスからの敗戦やから、負けの要因ははっきりしている。なんで？　とか、どうして？　とかのモヤモヤがない中身だけに、切り替えるのはたやすい。極端な展開になった2試合だったけど、シリーズの空気にも慣れ、これは相手も同じだが、3戦目から予想されたせめぎ合いになることが分かった。そうなれば阪神の得意とする展開や。勝負は甲子園。オレは負けを引きずることはなかった。

カギを握る戦い【日本シリーズ第3戦●4―5】

いい負け方ができたわ

京セラドーム大阪はシーズン中、ホームという立場で何試合か戦っていた。だからビジターという気はまったくしなかったけど、やっぱり甲子園は純粋にホームグラウンドという気持ちにさせてくれる。

シリーズ3戦目。舞台は移った。地の利が与えられる本拠地・甲子園。ここからが本番。本当の勝負が始まる、と気を引き締めた。それでいて、気負いはなく、リラックスできていた。

前日が移動日でゲームはなかった。移動日って、京セラドームと甲子園はホンマ、わずかな距離しか離れてなくて、まったくコストのかからぬ移動日。夜はいろんなことを考え、戦略はどうする？　と調べたあとは、妻がとりだめしてくれていたテレビ番組を見た。これはシーズン中からのルーティンで、まずサスペンスもの、刑事もののドラマ。あとはお笑いのバラエティーが好きで、これでリフレッシュ。今回も気分転換ができていた。

オレの中では、この3戦目から接戦になる、という予感があった。1、2戦目はどこかフワフワした感じだったが、シリーズの雰囲気にも順応してくるだろうし、オリックスも同様やろう。だから1点を争うゲーム、緊張感のある試合になるのは目に見えていた。

そんなゲーム、やっぱりミスが出たほうが劣勢になる。勝負事の鉄則であり、それが阪神に出てしまった。先発した伊藤将の守備ミスやった。同点から1点を勝ち越された5回表。相手の送りバントを悪送球して、ピンチを大きくしてしまったのだ。

伊藤将はフィールディングのいい投手よ。自信もあったのだろう。走者を二塁で刺せると判断して、セカンドに送球したのがミスになった。考えられないことが起きる。このあとタイムリーを浴びて、結局3点差になってしまった。

これも仕方なしか……。ただ、これで負けるとなれば、負け方が悪すぎる。オレはその形をホンマに気にしていた。試合には必ず勝ちか負け（引き分けもあるが）がつく。でもベンチは同じ負けでも、負け方を重んじるのだ。よく言われるように「次の日につながる負け」が必ずあるのだ。

それが出たのが、この試合での終盤やった。6回にさらに1点取られて4点差で迎えた7回裏、打線がつながり、森下のタイムリーなどで3点を返したのだ。さらに9回裏、クローザーの平野佳寿を追い詰め、同点、逆転のチャンスをつくった。実らなかったものの、1点差にした粘りを、オレは「いい負け方」と捉えていた。

点差をつけられ、そのままスンナリと終わっていたら、まず間違いなく、シリーズの流れはオリックスに行っていたはず。それを粘ったことで、流れを渡さなかった。もちろん、満足はしていないが、これで明日から十分、勝算のあるゲームになる。オレには確信があったわけよ。

よく勝負事には「流れ」が重要と言われる。実際には、その流れは目に見えないものだが、この無形の条件が勝敗を大きく左右することを嫌というほど経験してきた。しょうもないミスを起こせば、取り込んでいた流れを、手放してしまう。勝負事のあるあるで、だからミス、失策は怖いのだ。この試合もミスから負け展開になり、オリックスに流れを渡したのだが、それを粘って取り戻した。オレはヘッドコーチの平田に「影響のない負けや」と言うたわ。

もし阪神が日本一になるとしたら、ポイントはこの3戦目になる、と読んでいた。それがシーズン中と同じように、最後まであきらめずに、打線が、つないでつないで相手にプレッシャーをかけた。向こうも重圧を受け、簡単に勝てない……と思ったろう。これがでかいのだ。

それと投手陣の頑張りも大きいわ。7回以降、セットアッパーが、きっちりと相手を抑えている。同じ負けでも、絶対に「明日」につながるものよ、と思ったし、まったく悲観する必要はない。また明日がある。絶対に勝てる。負けているのに、そんな手応えだけが残ったわ。まあ、不思議な負けということかな。

勝負手を打つ【日本シリーズ第4戦○4―3】

湯浅が空気を変えたのが、はっきりと分かった

月が変わった11月1日。ツキも変われと迎えたシリーズ4戦目。甲子園は満員、チケットは1枚も残っていなかったとか。力が拮抗《きっこう》しているチーム同士、ファンの盛り上がりは、日増しに大きくなっていると実感する。

ここまで1勝2敗。ひとつ後れをとっているけど、まったく焦りはなかった。甲子園の3戦目からDH制はなく、レギュラーシーズンと同じ戦い方になっている。このDH制のあるなしは、やはり戦い慣れしているチームが有利になる。投手が打席に立ち、どの場面で代打を送るか。さらに投手の継投が勝負の分かれ目になる。そういった判断はやり慣れているほうが、そら有利やろ。これもセ・リーグの本拠で戦ううえでのアドバンテージ。オレはあくまで普段通りに、普通に戦え、とコーチを通じて伝えた。

でもな、分かっていてもできないのが、これも野球よ。この試合、序盤から小刻みに得点し、

6回を終わって2点のリードを保っていた。そして7回表、逃げ切りのリレーに入った矢先、守りのミスがまた出た。ホンマ、今シリーズはエラーが多い。今度は佐藤輝。いきなり平凡なゴロを処理できずに、ランナーを出してしまった。ここから同点にされ、流れはオリックスに。

オレはそこから動いた。まず佐藤輝に代えて三塁に糸原健斗を送り、打順の巡りを考えて、投手も代えた。スタンドから大きな声がした。佐藤輝を途中でベンチに下げる。なんかエラーに対する「懲罰交代」のような空気が漂っていたけど、そういう気はまったくなかった。

守りを固めつつ、あとの攻撃につながる打順の組み替え。それだけのことやったのに。正直、佐藤輝もベンチに戻り、考えるところがあったやろうし、チームとして切り替える。それをオレは考えただけやった。

そんなムードの8回表、またピンチを背負ったとき、オレは湯浅京己をマウンドに送ることを決めた。シーズンではクローザーを予定していたけど、故障、不調で一軍を離れ、4カ月以上過ぎていた。湯浅は日本シリーズに間に合わない。そう思われていた中、懸命の復帰調整が続いていた。

直前、調整スケジュールが微妙にずれて、オレは悩んだけど、最終的にはベンチ入りを決めた。決めたけど、湯浅が投げるなんて、だれもほとんど想像がつかなかったと思う。でも投手コーチ、湯浅本人も「いける」やった。

だから勝負の局面、8回二死でリリーフに送った。スコアは3対3、ランナー一、三塁。登板がアナウンスされる。スタンドから地鳴りのような歓声が……。中川圭太に投げた1球目はストレート。たった1球でセカンドフライに打ち取った。

このとき、ベンチのだれもが感じたんやないかな。完全に空気が変わった、と。よどんでいた空気を、湯浅が変えた。それがはっきりと分かった。

これも短期決戦ならではの勝負手と、オレなりに考えていたし、これで必ず攻撃に移れると読めた。9回裏、今度はオリックスが勝負手を打ってきた。一死一塁から二つの暴投で一死三塁のサヨナラ機が来た。するとオリックスは中野、森下を続けて申告敬遠。四番・大山のところで満塁策を取ってきた。

これも駆け引きよ。相手も防御にスペシャルな戦術を用いてきた。高まる緊迫感……。オレは何も言わず、大山を信じて打席を見つめていた。

1年間、四番を張り続けた大山よ。CSからここまで、決してバッティングの状態はよくなかった。そやけど、この場面。あれこれ注文をつける必要はない。打つ！ それを分かっているのが大山。そのために四番をずっと任せてきたんやから。

仮に併殺にでも倒れていたら、大山は立ち直れなかったやろう。打てば、よみがえる。究極の場面で、大山は打った。サヨナラヒット。星を五分に戻したことはそら大きい。その1勝以上の値打ちがそこにあった。湯浅で流れを変え、四番で勝負を決めた。そしてシリーズは振り出し。これで2勝2敗になったけど、流れはこちらに大きく傾いた。それは肌感覚で伝わってきてたわ。

Joshin
Tigers
65

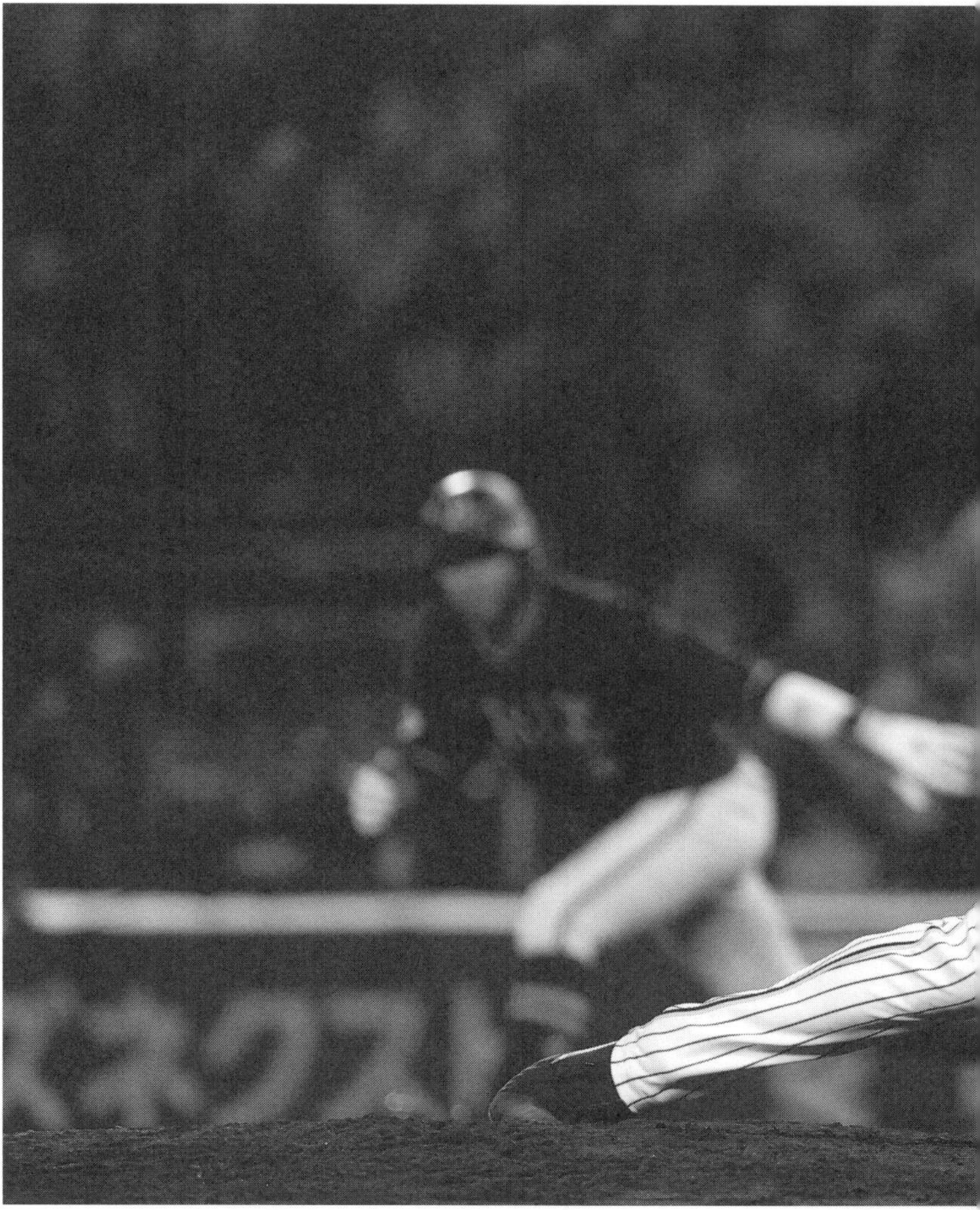

渾身の直球を投げ込んだ湯浅。1球で中川をセカンドフライに打ち取った

エイジェック
Hitz

究極の場面で大山が四番の仕事を全う。目の前で二人が申告敬遠された一死満塁の場面でレフトへサヨナラ安打。クールな男が雄たけびを上げて拳を突き上げた

つないで逆転［日本シリーズ第5戦○6―2］
まさかのダブルエラーに「円陣を組め」と告げたのよ

2勝2敗になった時点で、甲子園での日本一決定はなくなった。決着の舞台は京セラドームに持ち越される。ただ、この5戦目は2023年最後の甲子園でのゲームになる。やっぱり特別な試合なんやから、必ず勝って、日本一に王手をかける。そういった意気込みは、選手の動きから伝わってきていたよね。

だが時として、気持ちが先走り、結果が伴ってこないというケースもよく起こる。この試合はまさに典型的やった。

オリックス先発の田嶋大樹はホンマ、抜群の出来やった。それも回を増すごとにスピードが出て、キレもすごかった。はっきり言うて、手も足も出ない状態。7回までわずか4安打。こらアカン……。突破口すら見いだせぬまま、イニングだけが進んでいった。

こっちの先発、大竹は4回に一発を浴びて先制を許したが、なんとかしのいで5回を投げた。

ところが7回。西純矢から島本へと継投したあと、信じられないプレーが出て1点を失った。走者を置いて、打ち取ったはずのセカンドゴロをまず中野が後逸。カバーした森下もボールが手につかず、もたつく間に、ランナーの生還を許すことになったのだ。「ダブルエラー」。ここであんなミスが出るか！　平田にこう告げた。「気合を入れろ」「円陣を組め」とね。

感じるものがあったわ。ミスは仕方ないにしろ、中身はやはり集中力を欠くものだったから、歯止めが必要だと思った。点が入らない。ミスで点を与える。このままならズルズルと流れてしまう危険性が十分にあった。だから平田に指示したのよ。

前にも書いたけど、そもそもオレは試合途中で円陣を組むことは好まない。円陣を組むイコールここまでの戦い方が間違っていた、と認めることになる。その行為だけで相手をさらに優位にする。それが嫌なのだ。

勝負になったら、相手に隙や弱みを見せてはいけない。だからコーチに言うのよ。不調のバッターに試合前、付きっきりで教えるのは、やめろと。オレはそんなコーチングを即刻やめさせる。必死に教えているところを相手に見られていることがあるからだ。「あの選手、調子が悪い」と敵に分からせてしまう。そんなん、なんの得にもならん。弱みを見せるだけのことやからな。

それと同様のことを円陣にも感じる。チームとして追い詰められている感を出すわけで、オレはこれを弱さと見るわけよ。ただ今回は違った。弱みを示すのではなく、チームとして気合を入れ直していこうとする姿勢が必要と思ったから、異例の円陣になったのだ。

２０２３年二度目の円陣やった。一度目は交流戦のロッテ戦。佐々木朗希が相手のとき、今岡が円陣を組ませた。あれ以来だったけど、野球はメンタルの部分が左右することもある。オレはそれを期待したわけだが……。

７回裏は実らなかったが８回裏、そのときが訪れた。オリックスは田嶋から継投に入った。もし８回も続投だったら……、紙一重の戦いは大きな変化となって、うちにとって好転したのだ。オリックスの誇るリリーバー、山﨑颯一郎、宇田川優希はまさしく勝ちパターン。なかなか打ち込むのは難しい相手だったが、打線がホンマ、後ろに、後ろにという意識を持ってつないでいった。こういう攻めは２０２３年シーズン、求めてきた形やった。ホームランはなくても、つなぎの打線よ。さっき凡ミスを犯した森下が、なんかなあ、悔しさを晴らす長打を打つんやから、オレも興奮した。やり返す気持ちを、このルーキーは持ち合わせている。引きずらないで、切り替えて臨める新人、そら、たいしたもんよ。

円陣が効いたかどうか。それは分からないが、勝負を決めた１イニング６点。２０２３年最後の甲子園はいい形で終えることができた。この年の集大成のつもりで挑んだ第５戦を取り、これで日本一に王手をかけた。あと１勝か。そこに頂が見える……。

2023年、二度目の円陣は日本シリーズ第5戦で組まれた。平田ヘッドコーチを中心に
気合を入れ直した選手たちは、このあと反撃を開始する

HitzE

痛恨のミスのあと、巡ってきたチャンス。森下はオリックスの三番手・宇田川の7球目、
低めに来た直球を左中間に強く打ち返して三塁打に

Tiger
3

森下の逆転打にベンチと客席は一体となって沸き返った

山本由伸に完敗［日本シリーズ第6戦●1―5］

どうこう言ってもしゃーないわ

残り2試合。泣いても笑っても、あと2試合ですべてが決まる。王手をかけているのだ。2試合のうち、ひとつ取れば日本一よ。でも、このひとつを取るのが簡単ではない。それは十分に分かっていた。

相手の本拠地で、またDH制になる。オリックスは「あの二枚」で来る。まずは山本。第1戦のような攻撃ができるだろうか。それと同時に、同じ組み合わせになった先発の村上が同じようなピッチングができるかどうか。これが前提になると考えていた。

試合前、ブルペンで最終調整した村上の状態について、コーチから報告があった。「普段通り」とのことやったけど、それは普段通りではなかった。あれほどのコントロールの素晴らしさを誇っていた村上が5回で2四球、1死球……。どうした村上ってな感じやったよね。ボールは高めにいくし、甘い球が多くあった。修正しようとするが、できないまま、顔をゆがめていた。そんな姿を見たのは、この年初めてやった。

それなら打線が山本を打ち崩し、村上を楽にできれば、と思っていたら、オリックスバッテリーは明らかに1戦目と投球を変えてきていた。「低めを狙え」と指示を出し、それが当たった1戦目。今回は低めではなく、高めの力のある球を多めに使ってきた。そこに緩急差のあるカーブを使い、まったく違うスタイルよ。

それでも序盤、崩せるチャンスはあった。2回にノイジーが高めのボール気味の球をライトにうまくかぶせて打ち返した。先制ホームラン、シリーズ初のチーム本塁打となった。

これで主導権を握れたか、と思った矢先、2回裏に村上が集中打を浴び、逆転された。さらに5回、紅林弘太郎に2ランを許した。これが何より痛かった。ここから明らかに山本がギアチェンジした。一段上げたのが分かった。1本の味方のホームランで、こうも変わるか……。それほど山本に勇気を与える一発になったんやろね。

こうなったら苦しい。三振ばかりを繰り返し、その数、14。これは日本シリーズ史上最多の1試合奪三振ということやった。まあ、そのまま最後まで山本は投げるやろ、と思っていたし、正直、完敗やった。

こちらはかなりの誤算があったゲーム内容やったし、これでどうこう言ってもしゃーないわ。もう山本と対戦することはないいんやからね。反省も何も、最後の一戦に切り替えるだけよ。

こういう展開になったから、全然大丈夫や。

1985年、38年前の日本シリーズは6戦目で決着がついた。王手をかけて、ビジターでの一戦。1回表、オレも内野安打を記録してつくった満塁の場面。オレの高校の先輩である長崎慶一さん（当時は啓二）が満塁ホームランを打った。これで決まり、と印象づけた一発で、4勝2敗。阪神は初の日本一になった。あれから38年、同じ王手をかけての6戦目。うまく決められなかった。少しは悔いが残ったけど、ついに7戦にまで進んだ。

予想されていた通りの戦いになったし、ホンマ、ムードは最高潮。盛り上がりはすごいことになっていた。試合後に予告先発が伝わった。オリックスは当然、宮城。阪神は……というと、オレはかなり前から7戦までもつれたら、最後は「青柳」に託すと決めていた。

黄金期の始まり［日本シリーズ第7戦○7―1］

オレの言葉を聞いた青柳が、ニコッとしたのが分かった

とうとう、そのときが来た。11月5日、日本一を決める日……。3勝3敗、ホンマ、ええ勝負になった。どちらが日本一になるにしても、4勝3敗、7戦までいく……と多くの評論家、ファンが予想した通りの展開になった。

ここに至れば、監督として選手を信じるしかない。決戦のグラウンドに入る前、練習直前にオレは監督室にいた。そこに先発投手を呼んだ。最後、どうしても伝えたかったことがある。監督室に入ってきた青柳も、さすがに緊張した顔つきやった。

この1年、青柳は苦労を重ねてきた。2年連続最多勝の投手よ。エースとしてのプライドがあったが、思うようなピッチングができないまま、オレは二軍で調整するように指示したこともあった。

不本意やったと思う。それでもオレは青柳を認めていた。「エース」はお前よ。だから、こ

こを乗り越えよ。必ず、お前を必要とするときが来る。だから、出直せ！　そして迎えた2023年の総決算。オレは「今年の開幕（3・31）がお前から始まり、締めくくりもお前に任す。でもな、気負うことはない。楽しめ。楽しんで攻めろ。思い切り、腕を振って、投げるだけよ」。伝えたかったのはそれだけやった。

オレはめったに、こういうシチュエーションをつくらない。しかし、この日ばかりは、な。青柳の気持ちを和らげたかったし、楽にマウンドに上げたかった。「ハイ、分かりました」。青柳はそう答えて、最後、ニコッとしたのが分かった。

異様なムードでスタートした。やはり宮城は難敵、いい投手やけど、4回に想像していなかった打球がレフトに飛んでいった。ランナーを2人置いて、ノイジーが宮城の低め、厳しい変化球を、ものの見事にさばいてみせた。38年前の長崎さんのホームランを思い出させる価値ある3ランよ。この一発で完全に主導権を握り、チームは波に乗った。青柳も、丁寧に攻めて失点ゼロと仕事をした。

5回にも3点を奪った。今回の関西ダービー、得点に多く絡んでいたのが、一番の近本やった。簡単にヒットを打つ。簡単そうに見えるのは、準備しているからよ。シーズン中に比べて、短期決戦では早いカウントでの仕掛けが目立った。投手がストライク先行でドンドン投げてくることを分かったうえでの作戦よね。もちろんクレバーな打席の中身は、シーズン中と変わらない。打線の一方の柱よ。さらに進化している近本はホンマに頼れる選手になっていた。シーズン中にはボールを見極めて四球も多く取った。

2023年シーズン、オレは監督にカムバックしてから、近本に感じていたことを伝えた。評論家時代、ネット裏から見ていて、あまりに早打ちが目立ったから、もっと待ってから勝負してもいいんやないか、と勧めた。

そのあと見ていると、ホンマに打席に落ち着き払った近本の姿があった。簡単に追い込まれても、慌てない。動じることなくボールを見極め、いつの間にか近本ペースになっている。これこそが一番打者の理想的なスタイル。確実に「近本スタイル」を築いたのよね。

日本シリーズ最終戦も4安打。最高の一番バッターやったし、シリーズMVPは当然の帰結。ホンマに選手会長として、よくチームを引っ張ってくれたわ。

それにしても、本当にこのチームは強くなったよね。監督に就任したときから、4月より5月、5月より6月と、経験を積みながら、着実に強くなる、とオレは言い続けた。その予言？は的中した。選手が自分の持つ役割を理解し、役目を果たすことに力を注いだ。だから打線で言えば、一番から切れ目のないつながりが生まれたし、それぞれがカバーし合った結果、全員で大きな実をつけたのだ。

控えに回ることの多かった原口や糸原も存在感を見せてくれた。日本シリーズ5戦目の糸原

第7戦の前に監督室に呼ばれ、指揮官の言葉を聞いた青柳は、意気に感じた投球を見せた

第5戦の逆転劇を演出した糸原。代打でレフト前にヒットを放ち、
「あれが目に焼きついている」と岡田監督からたたえられた

のレフトへのヒット、あれが目に焼きついている。2点を追う8回、先頭の木浪が出塁したあとの打席。代打で出て、しぶとくつないだ。そういう選手がいて、強固な層の厚みが生まれ、それがチーム力になっていったとオレは思っている。

２０２３年11月5日、最後はもちろん岩崎で締める。この形を崩さずに1年の長いシーズンを戦ってきた。７対１。歓喜の時間が訪れる。

最年長でも33歳というホンマに若いチーム。息子、孫の年の選手によって胴上げされた。はっきり言って、１９８５年、27歳で経験した日本一より、今回のほうが比べものにならないほど、うれしい。自分の喜びやなしに、選手、スタッフ、ＯＢ、阪神ファン、みんなの喜びだからよね。オレは本当に幸せと思う。

胴上げされながら、思いを巡らせていた。この日本一を一過性のものにしてはならない。何年も持続、さらに成長する強さで勝ち続ける。それは可能だと信じている。阪神は間違いなく黄金期に入ったのだ！

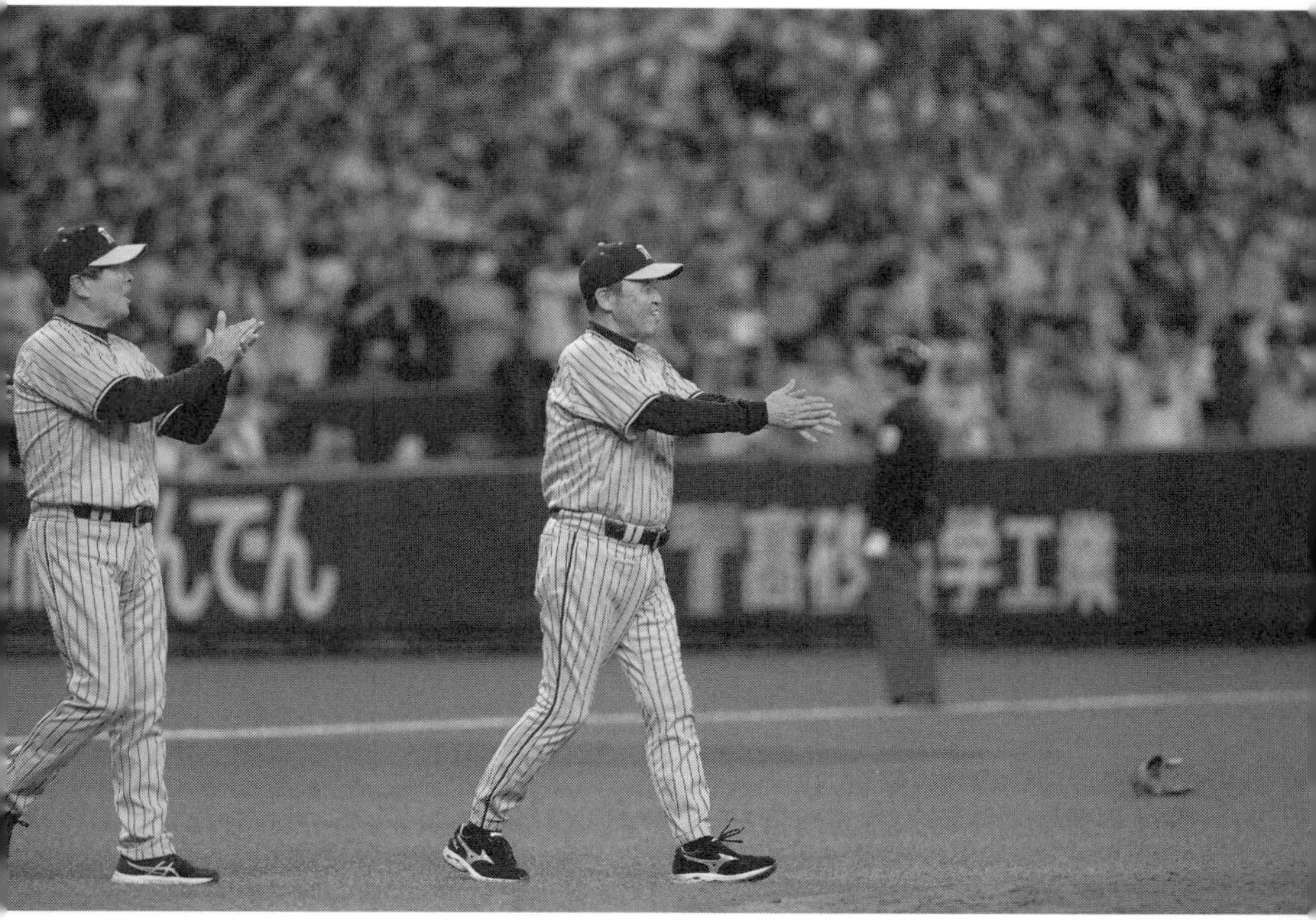

38年ぶりの日本一。選手に拍手を送りながら歓喜の輪に歩み寄った

そして、これから

もっともっと強くなる

日本一になって、1週間もたっていない11月10日、高知県に向かった。すでに始まっていた秋季キャンプに合流。若い選手の元気のいい声を聞いて、新たな決意が生まれた。

日本一の余韻に浸りながら、激動の1年を振り返ってみた。

そうや、監督に復帰しての実質上のスタートが、ここ高知・安芸からだった。何度も書くが、安芸は原点のような場所なのだ。ここで汗と泥にまみれて、前を見据えた。うまくなりたい。チームを強くしたい。若き日のオレと平田勝男は、毎日、日が落ちるまで、安芸のグラウンドを走り回った。

2022年の秋、若いチームの中から「新発見」がいっぱいあった。見過ごされていたのだろう。力があり技術の高い選手がいることを知った。選手に基本的なことを教える。若い選手は目を輝かせて、新鮮な興味を示してきた。これが何よりの収穫やった。無反応だったら……

は杞憂やった。こういう野球の考えに飢えていたのか、すぐに伸びしろの大きさに気がついた。そこから始まった1年。感じた成長力は間違いではなく、確実にチーム力になって現れた。オレは何度も口にした。面と向かっては言わんよ。でも「こいつら、ホンマ、すごいわ」とコーチには話していたもんね。

超人的なスーパーヒーローはいない。打線には、3割バッターが不在。それでも、みんなが平均以上の高いレベルの力を蓄え、いつしか総合力で戦え、勝てるチームになっていった。勝つためのやり方を選手が分かってきたという確信がある。もう方向を間違えることはないと思うわ。

要するに「地力」がついたということやろな。こうなれば、常に安定した展開に持っていける。だから大型連勝ができて、大型連敗しないチームに成長していったのよ。

2023年の日本一は正真正銘、強くなった結果よ。だから、これを維持し、もっと成長していくのがこれからの使命になる。

本社、球団に日本一の報告に行った際、みんなに「これからさらに」と要請された。1年で終わるのではなく、何年も続けて頂点に立てる真の実力チームに。それが本社、球団を含めた〝オール阪神〟の目指すべきところになる。

悪夢があった。1985年の最初の日本一のあと、チームは坂道を転げ落ちるように、沈んでいった。本当に天国から地獄のようなものやった。オレはそれを実体験している。落ち込んだ末、そこは暗黒時代の始まり。それだけ強さを保持するのは難しい。だから、ここで安心して歩みを止めてはならない。だから、安芸でオレは新たな若い選手の発掘を続けるのよね。

シリーズ直前のドラフト会議で、思い通りの補強ができ、シリーズ後に発表されたゴールデン・グラブ賞には、阪神から5人も選ばれた。球団史上最多の事実は、そこまで続けてきた守りの野球の方針が間違いではなかったことを表しているものやった。

コーチ陣は全員留任。新たに若い2コーチが名を連ねることになった。コーチのこの1年の陰に隠れた努力の指導には、ホンマ、よくやってくれた、の気持ちでいっぱいだ。

球界はこれからFA補強など、動きが活発になると思うが、阪神はFA戦線にはまったく興味がない。それよりも自チームから、新しい力を育てていくことに注力する。若いチームのその下に、さらなる若さのある候補者が構えている。そんな何層にも連なる戦力を築き上げること。これこそが、長い黄金期を続けるための最善手と、オレは確信している。

オレ自身、この先、いつまで監督を続けるか、それは自分でもまったく分からない。言えるのは、そうは長くはないやろな……ってことくらいなのだが、その間の責務は分かっているつもりだ。

この先、連覇すること。そして常勝チームの形づくりをしっかりする。

タイガースの黄金時代はホンマに出来上がる。今回の日本一は、その幕開け。
もっともっと強くなる。
ファンの期待に応えるチームに、タイガースは歩みを止めません。

日本トリム
docomo business
フランジの
マルイ
大阪商

大学
三井住友トラスト不動産
DNT
大日本塗料
ACN
RYUKOKU
MIZUHO

主な表彰
セ・リーグ特別表彰（最優秀監督賞：2005年、2023年）
正力松太郎賞（2023年）

勝率	ゲーム差	打率	本塁打	防御率	年齢*
.485	13.5	.273	142	4.08	46歳
.617	---	.274	140	3.24	47歳
.592	3.5	.267	133	3.13	48歳
.529	4.5	.255	111	3.56	49歳
.582	2.0	.268	83	3.29	50歳
.561					
.493	7.5	.271	146	3.97	52歳
.504	20.5	.248	76	3.33	53歳
.400	17.5	.241	73	3.34	54歳
.468					
.616	…	.247	84	2.66	65歳
.537					

2012年は135試合目まで指揮。表のゲーム差～防御率はチーム144試合の成績
＊シーズン中の年齢

●日本シリーズとクライマックスシリーズ成績

年度	球団	大会	相手	勝敗
2005	阪神	日本シリーズ	ロッテ	0勝4敗
2007	阪神	CS1stステージ	中日	0勝2敗
2008	阪神	CS1stステージ	中日	1勝2敗
2023	阪神	CSファイナルステージ	広島	4勝0敗＊
2023	阪神	日本シリーズ	オリックス	4勝3敗

＊アドバンテージの1勝含む

●2023年日本シリーズ（対オリックス）成績

戦	スコア	球場
第1戦	○8対0	京セラドーム
第2戦	●0対8	京セラドーム
第3戦	●4対5	甲子園
第4戦	○4対3	甲子園
第5戦	○6対2	甲子園
第6戦	●1対5	京セラドーム
第7戦	○7対1	京セラドーム

岡田彰布　監督成績

●年度別成績

年度	球団	順位	試合	勝利	敗戦	引分
2004	阪神	4位	138	66	70	2
2005	阪神	1位	146	87	54	5
2006	阪神	2位	146	84	58	4
2007	阪神	3位	144	74	66	4
2008	阪神	2位	144	82	59	3
第1次阪神通算			718	393	307	18
2010	オリックス	5位	144	69	71	4
2011	オリックス	4位	144	69	68	7
2012	オリックス	6位	135	50	75	10
オリックス通算			423	188	214	21
2023	阪神	1位	143	85	53	5
通算			1284	666	574	44

●2023年阪神各成績とリーグ順位

打撃

打率	得点	本塁打	四球	盗塁	犠打	犠飛	出塁率
.247	555	84	494	79	106	47	.322
3位	1位	5位	1位	1位	2位タイ	1位	1位

投手・守備

防御率	先発防御率	救援防御率	失点	与四球	失策
2.66	2.79	2.37	424	315	85
1位	1位	1位	1位	1位	6位

主な表彰

新人王(1980年)
ベストナイン(二塁手部門、1985年)
ダイヤモンドグラブ賞(二塁手部門、1985年)

塁打	打点	盗塁	犠打	犠飛	四球	死球	三振	打率	長打率	出塁率
182	54	4	1	0	23	3	45	.290	.484	
229	76	1	2	4	28	5	43	.289	.472	
206	69	10	2	5	44	4	30	.300	.442	
134	44	7	1	5	36	1	23	.289	.545	
159	51	3	0	7	33	3	41	.297	.492	
292	101	7	0	6	64	3	41	.342	.636	.421
226	70	11	0	4	70	3	57	.268	.477	.363
193	58	5	0	2	40	2	75	.255	.407	.315
214	72	10	0	5	63	2	75	.267	.471	.355
232	76	8	0	7	57	1	81	.280	.472	.352
216	75	7	0	4	74	7	87	.265	.444	.368
148	50	1	0	3	40	2	68	.240	.386	.313
52	19	1	0	3	22	2	48	.189	.281	.278
13	7	0	0	0	9	0	24	.170	.245	.290
37	12	1	0	1	14	1	20	.277	.366	.368
7	2	0	0	0	7	0	9	.179	.179	.304
2540	836	76	6	56	624	39	767	.277	.462	-

三塁手						遊撃手						外野手						年齢*
試合	刺殺	補殺	失策	併殺	守備率	試合	刺殺	補殺	失策	併殺	守備率	試合	刺殺	補殺	失策	併殺	守備率	
60	54	88	8	7	.947	3	3	7	0	2	1.000	-	-	-	-	-	-	23
6	0	4	0	0	1.000	-	-	-	-	-	-	-	-	-	-	-	-	24
-	-	-	-	-	-	-	-	-	-	-	-	-	-	-	-	-	-	25
-	-	-	-	-	-	-	-	-	-	-	-	-	-	-	-	-	-	26
-	-	-	-	-	-	-	-	-	-	-	-	45	43	3	0	0	1.000	27
-	-	-	-	-	-	-	-	-	-	-	-	-	-	-	-	-	-	28
-	-	-	-	-	-	-	-	-	-	-	-	-	-	-	-	-	-	29
-	-	-	-	-	-	-	-	-	-	-	-	-	-	-	-	-	-	30
-	-	-	-	-	-	-	-	-	-	-	-	-	-	-	-	-	-	31
127	105	207	14	15	.957	-	-	-	-	-	-	-	-	-	-	-	-	32
-	-	-	-	-	-	-	-	-	-	-	-	-	-	-	-	-	-	33
-	-	-	-	-	-	-	-	-	-	-	-	-	-	-	-	-	-	34
-	-	-	-	-	-	-	-	-	-	-	-	-	-	-	-	-	-	35
-	-	-	-	-	-	-	-	-	-	-	-	13	11	1	1	0	.923	36
18	8	12	2	1	.909	-	-	-	-	-	-	-	-	-	-	-	-	37
5	0	6	0	0	1.000	-	-	-	-	-	-	-	-	-	-	-	-	38
216	167	317	24	23	.953	3	3	7	0	2	1.000	58	54	4	1	0	.983	

*満年齢

岡田彰布　選手成績

●年度別打撃成績

年度	球団	試合	打席	打数	得点	安打	二塁打	三塁打	本塁打
1980	阪　神	108	403	376	44	109	19	0	18
1981	阪　神	130	524	485	70	140	23	3	20
1982	阪　神	129	521	466	57	140	22	1	14
1983	阪　神	79	289	246	44	71	9	0	18
1984	阪　神	115	366	323	38	96	14	2	15
1985	阪　神	127	532	459	80	157	24	3	35
1986	阪　神	129	551	474	67	127	21	0	26
1987	阪　神	130	518	474	54	121	24	3	14
1988	阪　神	127	524	454	65	121	22	1	23
1989	阪　神	130	557	492	66	138	20	1	24
1990	阪　神	130	571	486	75	129	27	0	20
1991	阪　神	108	428	383	45	92	11	0	15
1992	阪　神	70	212	185	9	35	11	0	2
1993	阪　神	42	62	53	2	9	1	0	1
1994	オリックス	53	117	101	10	28	3	0	2
1995	オリックス	32	46	39	3	7	0	0	0
通算16年		1639	6221	5496	729	1520	251	14	247

●年度別守備成績

年度	球団	一塁手						二塁手					
		試合	刺殺	補殺	失策	併殺	守備率	試合	刺殺	補殺	失策	併殺	守備率
1980	阪神	28	198	12	1	20	.995	32	52	71	4	8	.969
1981	阪神	-	-	-	-	-	-	128	275	382	16	77	.976
1982	阪神	-	-	-	-	-	-	128	280	350	8	60	.987
1983	阪神	1	0	0	0	0	.000	67	130	193	7	28	.979
1984	阪神	41	222	28	0	16	1.000	20	31	56	1	10	.989
1985	阪神	-	-	-	-	-	-	124	272	403	11	84	.984
1986	阪神	-	-	-	-	-	-	129	291	351	9	63	.986
1987	阪神	-	-	-	-	-	-	130	292	360	12	69	.982
1988	阪神	-	-	-	-	-	-	127	273	388	4	82	.994
1989	阪神	-	-	-	-	-	-	4	7	6	0	1	1.000
1990	阪神	-	-	-	-	-	-	130	306	393	9	66	.987
1991	阪神	-	-	-	-	-	-	102	227	289	14	55	.974
1992	阪神	50	403	36	1	28	.998	-	-	-	-	-	-
1993	阪神	-	-	-	-	-	-	-	-	-	-	-	-
1994	オリックス	21	102	3	1	12	.991	-	-	-	-	-	-
1995	オリックス	7	35	0	0	0	1.000	1	0	0	0	0	.000
通算16年		148	960	79	3	76	.997	1122	2436	3242	95	603	.984

岡田彰布　おかだ・あきのぶ

1957年11月25日生まれ。大阪府出身。北陽高－早稲田大。ドラフト1位で80年に阪神入団。1年目からレギュラーに定着し新人王。85年には五番打者として日本一に貢献。ベストナイン、ダイヤモンドグラブ賞（現ゴールデン・グラブ賞）も受賞した。94年にオリックスに移籍し、95年に現役を引退。96年にオリックス二軍助監督兼コーチで指導者の道に入り、98年には阪神に二軍助監督兼コーチで復帰。99年から二軍監督など務め、のちの主力を多く育てたのち、2003年に一軍コーチ、04年に監督に就任。05年にはセ・リーグ優勝に導いた。08年限りで監督を退き、10年から12年はオリックスで監督を務めた。阪神監督として復帰した23年、チームに18年ぶり六度目の優勝、38年ぶり二度目の日本一をもたらした。

1996年～1997年　オリックス二軍助監督兼打撃コーチ
1998年　阪神二軍助監督兼打撃コーチ
1999年　阪神二軍監督兼打撃コーチ
2000年～2002年　阪神二軍監督
2003年　阪神一軍内野守備走塁コーチ（三塁ベースコーチ担当）
2004年～2008年　阪神監督
2010年～2012年　オリックス監督（2012年は9月24日まで指揮を執った）
2023年～　阪神監督

ダイワハウス
Tigers

幸《しあわ》せな虎《とら》、そらそうよ

2023年11月30日　第1版第1刷発行

著　者　岡田彰布《おかだあきのぶ》

発行者　池田哲雄

発行所　株式会社ベースボール・マガジン社

〒103-8482 東京都中央区日本橋浜町2-61-9 TIE浜町ビル
電話 03-5643-3930（販売部）
　　 03-5643-3885（出版部）
振替 00180-6-46620
https://www.bbm-japan.com/

印刷・製本　共同印刷株式会社

ISBN978-4-583-11655-6 C0075